盾构隧道磨削群桩
施工技术

倪芃芃 杨 昊 廖秋林 陈子豪◎著

中国建筑工业出版社

图书在版编目（CIP）数据

盾构隧道磨削群桩施工技术 / 倪芃芃等著. — 北京：中国建筑工业出版社，2024.5
ISBN 978-7-112-29803-7

Ⅰ.①盾… Ⅱ.①倪… Ⅲ.①隧道施工－盾构法－磨削－群桩 Ⅳ.①U455.43

中国国家版本馆CIP数据核字（2024）第084185号

责任编辑：刘颖超
责任校对：李美娜

盾构隧道磨削群桩施工技术

倪芃芃　杨　昊　廖秋林　陈子豪　著

*

中国建筑工业出版社出版、发行（北京海淀三里河路9号）
各地新华书店、建筑书店经销
国排高科（北京）信息技术有限公司制版
建工社（河北）印刷有限公司印刷

*

开本：787毫米×1092毫米　1/16　印张：10　字数：250千字
2024年6月第一版　2024年6月第一次印刷
定价：**49.00**元
ISBN 978-7-112-29803-7
（42210）

版权所有　翻印必究
如有内容及印装质量问题，请联系本社读者服务中心退换
电话：（010）58337283　　QQ：2885381756
（地址：北京海淀三里河路9号中国建筑工业出版社604室　邮政编码：100037）

PREFACE | 前　言

　　盾构是一种用于隧道暗挖施工的工法，其机组在盾壳的掩护下，完成土体开挖、渣土运输、管片拼装、整机推进等系列作业。自 1825 年法国人布鲁内尔在英国泰晤士河下首次使用盾构法建造了第一条盾构隧道以来，盾构技术距今（2024 年）已发展了 199 年。随着我国地铁网络的快速发展，盾构法施工技术已经成为城市地铁和水下隧道建设的关键技术。

　　"十四五"规划指出："要加快建设交通强国，完善综合运输大通道，综合交通枢纽和物流网络，加快城市群和都市圈轨道交通化，提高农村和边境地区交通通达深度。"截至 2022 年底，中国大陆地区已有 38 个城市实现城轨交通运营，运营线路达 10291.95km，其中地铁达 8012.85km，占比 77.85%。然而，随着我国城市化进程和地铁网络结构的不断发展，新建线路和既有结构桩基冲突的情况逐渐增多。线路的规划、设计、施工也由最初的线路迁改，发展成为桩基侧穿、下穿和预拔除工艺，继而发展为盾构磨桩直接穿越。盾构机直接切削破除桩体相较于传统处理方法，优势在于设计上自由的线路选择，在施工方面提高了对地表作业人员、环境的保护，最终显著提高社会效益和经济效益。

　　绍兴地铁 2 号线镜湖站至后墅路站区间，双线隧道共遭遇 47 根大直径钢筋混凝土桩基入侵。桩基位置位于绍兴市政府南门，为全线的重难点工程。已有的磨桩案例中，盾构机出现推力扭矩过大、刀盘不均匀变形和刀具磨损严重等问题，同时诱发显著的地表沉降和结构位移，盾构磨桩安全控制是亟须解决的工程难题。针对盾构磨桩的施工规划，工程上多围绕以下方面展开：磨桩前根据地质勘察信息和桩基位置，从盾构选型、设备改造、地层加固等方面着手，提高盾构机磨桩能力、桩体位移限制能力、损伤结构保护能力；磨桩过程中控制施工参数，降低磨桩推力扭矩，减小刀盘卡死停机风险；磨桩后评估刀具损伤状态，为该区域后续施工提供参考。

　　本书基于上述施工规划，分为 6 章。第 1 章介绍了盾构隧道磨削群桩施工技术的研究背景、工程概况、国内外研究现状和本书的主要内容及创新点；第 2 章分析了受限空间下软流塑地层 MJS 加固技术，从 MJS 工法原理、受限空间下 MJS 施工设备改造、加固范围、MJS 加固参数控制和加固效果等方面系统分析了 MJS 工法在盾构磨桩前的应用；第 3 章介绍了磨桩刀盘的选型和刀具的布置规划；第 4 章结合现场多种工况环境，介绍了磨桩辅助施工措施、全断面切削桩基、悬臂切削排桩、近距离穿越排桩施工过程的参数变化、地表沉降、结构变形和管片变形等规律；第 5 章介绍盾构磨桩后刀具磨损和磨桩能力的预测工作；第 6 章对已有成果做出系统总结。

  本书得到了中山大学 2023 年教学质量与教学改革工程项目支持，在此表示由衷的感谢。

  本书得到了北京城建轨道交通建设工程有限公司提供的相关素材和资料，在此衷心地感谢同行们的支持和帮助。

  由于编者水平和经验有限，书中不可避免地会出现错漏和不当之处，敬请广大读者批评指正。

作者

2024 年 5 月

CONTENTS | 目 录

第1章 绪 论 ··001

    1.1 研究背景 ···001

    1.2 软流塑地层盾构磨桩工程概况 ···002

    1.3 研究目的与意义 ··005

    1.4 国内外研究现状 ··005

    1.5 研究内容及创新点 ···009

    1.6 技术路线图 ··010

第2章 受限空间软流塑地层MJS加固技术 ·····································012

    2.1 全方位高压喷射注浆工法（MJS）原理与施工工艺 ···············012

    2.2 超低净空MJS成套设备改造技术 ·······································014

    2.3 软流塑地层MJS加固区作用分析 ·······································018

    2.4 软流塑地层MJS施工技术 ··023

    2.5 MJS加固效果检测 ···028

    2.6 本章小结 ···031

第3章 盾构磨桩刀盘选型及刀具布置技术研究 ······························032

    3.1 盾构机选型 ··032

    3.2 刀盘选型 ···051

    3.3 磨桩主力刀具的选择 ··053

    3.4 刀具的布置技术 ··055

    3.5 本章小结 ···061

第4章 盾构切削大直径钢筋混凝土群桩技术研究 ··························063

    4.1 盾构磨桩施工辅助措施 ···063

    4.2 盾构悬臂切削大直径钢筋混凝土排桩技术 ··························074

4.3　盾构全断面切削大直径钢筋混凝土桩基技术……………………088
  4.4　盾构近距离穿越钢筋混凝土排桩施工技术………………………123
  4.5　本章小结………………………………………………………………134

第5章　盾构切削钢筋混凝土群桩刀具磨损及预测技术研究……………136
  5.1　各类刀具破损情况……………………………………………………136
  5.2　刀具磨损情况统计……………………………………………………140
  5.3　撕裂刀磨损系数计算…………………………………………………145
  5.4　基于统计的刀具磨桩磨损预测………………………………………147
  5.5　本章小结………………………………………………………………148

第6章　结　论………………………………………………………………149
  6.1　受限空间软流塑地层MJS加固技术…………………………………149
  6.2　盾构磨桩刀盘选型及刀具布置技术…………………………………149
  6.3　盾构切削大直径钢筋混凝土群桩关键技术…………………………150
  6.4　盾构切削钢筋混凝土群桩刀具磨损及预测技术……………………150

参考文献………………………………………………………………………152

第 1 章

绪　论

1.1　研究背景

近年来，我国城市规模迅速发展，地面交通拥堵日益严重。根据"十四五"规划，随着经济发展和现代化进程的推进，我国的轨道交通事业在建设速度和建设规模上，经历着前所未有的发展高潮。然而，地下交通网络发展却面临着新的困难。城市轨道线路穿越建（构）筑群的情况越来越多，因此，对隧道施工环境和施工要求日益严苛。如图 1.1-1 所示，以浙江省绍兴市为例，随着城市人口的增加，市民对现有交通提出了新的要求，绍兴市逐渐开始建设轨道交通工程。

图 1.1-1　绍兴市交通网络图

目前，我国地铁隧道的构筑方法多采用盾构法，盾构技术已居于世界前列。不仅如此，我国地下交通工程建设在工程数量、发展速度、工程地质条件复杂程度等方面均居世界首位。盾构法由于其安全、快速、诱发地层沉降小、机械化程度高等众多优点，在城市地铁隧道、铁路隧道及公路隧道等建设中得到了广泛应用。然而，随着我国城市化的持续发展以及地铁网的逐渐加密，在城市中心区域修建地铁隧道时，遭遇既有建（构）筑物桩基础的情况时有发生。

当桩基侵入盾构线路时，常规盾构机不具备直接磨削桩基的能力。在隧道线路允许调整的情况下，一般选择从桩身侧边侧穿或者从桩端下穿，极少采用直接磨桩的"直穿"方案，但这种避桩的设计思路往往容易导致新的工程问题，并增加额外费用。当线路受限制而无法避让桩基时，通常采用拆除原构筑物、地面拔桩、开挖竖井后凿柱等传统方式对障碍柱进行事先拆除。这些方法虽然在设计上相对简单易行，施工技术相对成熟安全，但也存在着成本费用高、工期较长等弊端，而且施工期间实施道路封闭，对附近公共交通将引起较大混乱和干扰等问题。

随着盾构技术的发展，针对盾构机适用性的改造逐渐加强，近年来国内外盾构直接磨削桩基的工程案例也在逐渐增多。盾构直接磨削破除桩体的施工，不改变原有建筑和地表环境，作业成本低、工期短，已成为盾构磨桩工程的重要突破点。盾构磨桩作为一项新兴技术，发展尚未成熟，现有施工案例及研究文献大多是针对特定工况下的施工技术与经验总结，尚未有系统的施工技术与盾构磨桩机理分析。此外，软塑和流塑黏土地层具有高含水率、高压缩性、低强度等特征，在盾构掘进过程中，较低的土体承载力使地层和结构易于变形，对磨桩施工产生不利影响。因此，开展软流塑地层盾构连续磨削大直径钢筋混凝土群桩的工程实践意义重大。

1.2 软流塑地层盾构磨桩工程概况

浙江省绍兴市越城区地铁 2 号线镜湖站至后墅路站区间为本次磨桩工程的作业区间。右线长度 953.715m，左线长度 1004.208m。线路最大坡度 26‰，覆土 8.7～20.6m，平面线路最小曲线半径 $R=410$m，线间距 11.5～17.0m。该区间采用盾构法施工，盾构由后墅路站始发后沿洋江西路自东向西敷设，至镜湖站接收。依次侧穿梅山南桥（下穿梅山江）、下穿行政中心三通道、下穿信访局车行桥、侧穿九渡桥（下穿九流渡）。

1.2.1 地质岩性

区间主要地层由地表至地层深部依次为碎石填土①$_1$、素填土①$_2$、淤泥质粉质黏土③$_{1-2}$、粉质黏土④$_1$、粉质黏土夹粉土④$_3$、粉质黏土⑤$_2$、粉质黏土⑦$_2$。隧道穿越地层主要为淤泥质粉质黏土③$_{1-2}$、粉质黏土夹粉土④$_3$、粉质黏土⑤$_2$，地层物理力学性质见表1.2-1。地质剖面图见图1.2-1。

地层物理力学性质　　　　　表 1.2-1

层号	岩土名称	天然重度（kN/m³）	含水率（%）	压缩模量（MPa）	标贯值	渗透系数		剪切试验直剪固结快剪（标准值）	
						水平K_H（cm/s）	垂直K_V（cm/s）	黏聚力（kPa）	内摩擦角（°）
①$_1$	碎石填土	18.7				2.0×10^{-2}	1.5×10^{-2}	（2）	（18）
①$_2$	素填土	18.5	42	3.75				23.6	12.7
③$_{1-2}$	淤泥质粉质黏土	17.8	41.4	2.76		7.76×10^{-7}	6.98×10^{-7}	11.5	14.3
④$_1$	粉质黏土	19.0	31.9	4.8	9.5	4.18×10^{-7}	5.74×10^{-7}	28	12.5
④$_3$	粉质黏土夹粉土	18.7	34.2	5.35	11.6	6.14×10^{-7}	5.21×10^{-7}	32	15.3
⑤$_2$	粉质黏土	18.3	37.5	4.24	5.5	5.54×10^{-7}	6.61×10^{-7}	22.6	13.8
⑦$_2$	粉质黏土	18.2	38.2	4.43	7.4	5.23×10^{-7}	3.95×10^{-7}	19.9	13.2

（1）①$_1$杂色碎石填土（mlQ4）：松散—中密，由碎块石、碎砖等组成，一般粒径为2～15cm，局部夹块石最大粒径30cm以上，黏性土和粉性土充填，均一性差。大部分布，层厚0.40～8.20m。

（2）①$_2$灰—灰黄色素填土（mlQ4）：以软塑状黏性土为主，局部夹粉土和少量碎石、角砾，最大粒径5～15cm。静力触探锥尖阻力q_c = 0.05～2.94MPa，平均值0.65MPa，侧壁摩阻力f_s = 9.9～167.8kPa，平均值31.9kPa。实测标准贯入试验锤击数N = 5～8击，平均值6.3击。大部分布，层厚1.00～4.80m。

（3）③$_{1-2}$灰色淤泥质粉质黏土（mQ42）：流塑，含少量有机质、腐殖质，局部相变为淤泥，部分孔位底部为软可塑粉质黏土，高压缩性土。静力触探锥尖阻力q_c = 0.18～1.30MPa，平均值0.56MPa，侧壁摩阻力f_s = 4.9～37.3kPa，平均值10.7kPa。全场分布，层厚2.00～23.50m，层顶埋深0.00～17.70m。

（4）④$_1$灰黄色粉质黏土（al-lQ41）：灰黄、棕黄色，软可塑，含少量氧化铁及锰质结核，中等压缩性土，为上部淤泥质土与④$_2$粉质黏土硬土层的过渡层。实测标准贯入试验锤击数N = 8～10击，平均值为8.8击。少量分布，层厚0.80～1.80m，层顶埋深7.00～18.60m。

（5）④$_3$灰黄色粉质黏土夹粉土（al-lQ41）：软可塑，中等压缩性土，含少量的铁锰质结核及锈斑，夹薄层粉土，微层理发育。静力触探锥尖阻力q_c = 0.98～6.51MPa，平均值2.36MPa，侧壁摩阻力f_s = 13.1～177.8kPa，平均值65.9kPa。实测标准贯入试验锤击数N = 9～15击，平均值为11.1击。部分分布，层厚2.50～12.90m，层顶埋深7.50～20.00m。

（6）⑤$_2$灰色、灰褐色粉质黏土（mQ41）：软塑，含少量有机质、腐殖质，有臭味，夹有粉土及贝壳碎屑。静力触探锥尖阻力q_c = 1.00～1.82MPa，平均值1.47MPa，侧壁摩阻力f_s = 10.5～61.5kPa，平均值30.6kPa。实测标准贯入试验锤击数N = 4～8击，平均值为6.4击。大部分布，层厚1.40～12.80m，层顶埋深16.20～29.80m。

（7）⑦$_2$灰、青灰色粉质黏土（mQ32）：软塑，含有机质，局部分布有贝壳薄层。实测标准贯入试验锤击数N = 7～8击，平均值为7.4击。大部分布，层厚1.10～11.10m，层顶埋深27.80～37.30m。

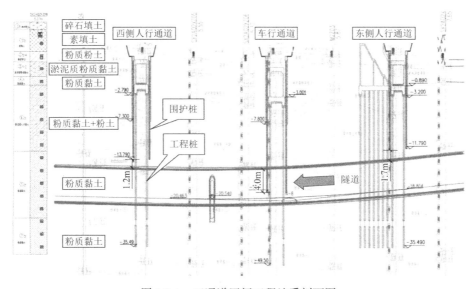

图1.2-1 三通道区间工程地质剖面图

1.2.2 水文地质

区间场地范围内地下水类型由第四纪松散岩类孔隙潜水、孔隙承压水和基岩裂隙水构成。

1. 孔隙潜水

孔隙潜水主要赋存于场区表部填土、浅部黏质粉土和淤泥质土层中。表部透水性较好，水量较大，往下透水性变差，水量较小；黏土和淤泥质土层的孔隙潜水因地层渗透性微弱，富水性、透水性均差，水量贫乏，受大气降水和地表水补给，以蒸发排泄为主，单井出水量小于 $5m^3/d$。水位 0.40~4.30m，浅层地下水水位年变幅为 1.0~2.0m。地下潜水垂直流向不明显，水平流速较小。

2. 孔隙承压水

拟建场地承压水主要分布于深部⑧$_{1-1a}$砂质粉土中，隔水层为上部黏土层。承压水受古河槽侧向径流补给，侧向径流排泄。根据详勘阶段后墅路站勘察实测⑧$_{1-1a}$砂质粉土水位埋深在地表下 4.40m，相应高程为 1.08m，中等透水。

3. 基岩裂隙水

基岩裂隙水分布于深部基岩中，主要为风化裂隙水，水量一般较小，节理密集带有一定的赋水量。

1.2.3 通道结构与桩基

区间盾构机下穿市行政中心三通道（两个人行通道和一个车行通道）时，与该通道的工程桩和围护桩发生冲突，如图 1.2-2 所示。通道结构形式为单跨矩形闭合框架结构，主筋直径 28mm，C30 混凝土。

侵入隧道的桩基共 47 根，其中 18 根工程桩、29 根围护桩。东西侧人行通道只侵入工程桩，中间车行通道同时侵入工程桩和围护桩。左线侵入 25 根（工程桩 10 根、围护桩 15 根）；右线 22 根（工程桩 8 根、围护桩 14 根）。工程桩全断面侵入，围护桩只侵入隧道约 4m，属于悬臂侵入。

中间车行通道围护桩直径 800mm，桩间距 1.1m，桩长约 23.3m；工程桩桩径 1000mm，桩间距约 4.5m，桩长 50.30~53.30m。东西侧人行通道工程桩桩径 1000mm，桩间距 4.25~4.50m，桩长约 33m。桩基主筋均为 18 根直径 25mm 的 HRB400 级带肋钢筋，箍筋为直径 10mm 的光圆钢筋，混凝土强度等级为 C30。

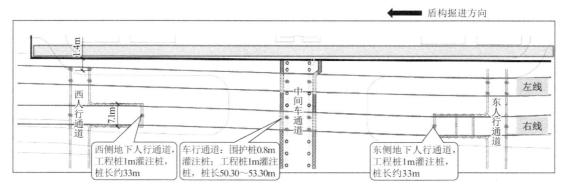

图 1.2-2 三通道桩基与隧道平面关系图

1.3 研究目的与意义

1.3.1 研究目的

通过盾构磨桩前期 MJS 加固、盾构机选型、刀盘刀具配置，磨桩时的参数控制、变形规律、辅助施工技术，磨桩后的变形控制、刀具磨损等多方面综合研究，总结施工经验，形成一套盾构磨削钢筋混凝土桩基的施工控制技术。本书贯穿盾构磨桩施工全过程，从前期地层加固、盾构选型，到设备改造与施工控制，再到刀具磨损分析，将实际施工技术与理论机理、规律相结合，系统详细地阐述了盾构连续磨削大直径钢筋混凝土群桩的施工过程，可促进盾构直接磨桩的理论发展和技术进步，指导实际磨桩工程的施工。

1.3.2 研究意义

（1）促进盾构连续磨削大直径群桩的发展和技术进步

盾构磨桩逐渐成为盾构施工中关键技术，但目前盾构磨桩仍然停留在一些桩基直径较小、数量较小的工程中。盾构磨桩在理论层面的机理与规律研究以及技术层面的措施和经验总结尚未成熟。尤其对于软流塑地层盾构磨削大直径群桩，可参考工程案例少，具有较高的技术挑战和施工风险。通过对盾构磨桩关键技术进行多方面综合研究，总结施工经验，形成一套盾构磨削钢筋混凝土桩基的施工控制技术，促进盾构连续磨削大直径群桩发展和技术进步，指导实际磨桩工程施工。

（2）丰富盾构穿越障碍物桩基方法的选择和应用

对于盾构线路遭遇桩基等障碍物侵入时，一般采用拆除原构筑物、地面拔桩、开挖竖井后凿柱等传统方式对障碍桩基进行事先拆除。在面对数量较多的大直径桩基时，由于盾构磨桩技术不成熟以及施工安全面临的风险，即使社会效益低，也只能选择传统技术。基于绍兴地铁 2 号线磨桩工程，通过理论研究和施工经验相结合，得出一套系统的盾构磨桩关键技术，拓展盾构磨桩应用实例，带来巨大的社会效益。

（3）拓展盾构的适应能力和应用领域

课题着重对盾构磨桩工程盾构机选型、刀盘刀具配置以及刀具磨损等进行研究，有助于盾构机制造厂商对盾构磨桩时盾构机各系统的工作状态进行总体把握，有针对性地改造盾构机，增强盾构机的适用性，拓展盾构适应能力和应用领域。

1.4 国内外研究现状

随着地铁网络的加密，盾构遭遇地下障碍物的工程案例逐渐增多。传统处理方式多采用桩身侧穿、桩基托换、桩体拔除等方法避免盾构机直接影响桩体和上部结构，但这些方式显著增加了施工成本、施工周期和环境影响。盾构直接磨削破除桩体，为实现线路的灵活选择与调整，提高工程的社会效益和经济效益带来可能。

然而，盾构磨桩具有极高的施工风险。根据袁大军[1]等对国内已有的 11 个磨桩工程的案例调研，磨桩施工不仅面临着盾构机对建（构）筑物和地层的直接扰动，而且对盾构机的刀盘刀具损伤、螺旋机排渣和盾构姿态控制带来严峻挑战。

目前，根据国内外的盾构磨桩案例，绍兴地铁2号线镜后区间双线连续磨削47根大直径钢筋混凝土桩基，从桩量和桩径角度已属国内高风险磨桩工程，且软流塑地层土体强度低，对桩基位移限制能力弱，影响磨桩安全。因此，本节将围绕软弱地层加固方法、磨桩刀具选型及刀具布置、磨桩参数控制方法和刀具磨损预测四个影响磨桩施工的主要方面进行现状调查。相关案例汇总见表1.4-1。

国内外部分盾构磨桩案例统计　　　　　　　　　表1.4-1

工程名称	桩径桩数	桩体材料	地层信息	桩基处理措施	盾构类型	刀盘类型	磨桩刀具	辅助施工措施
杭州地铁2号线建中区间[2]	6根φ1000mm桩基	C25混凝土、φ22主筋	粉砂夹砂质粉土、砂质粉土、淤泥质粉质黏土	桩基托换和高压旋喷加固	土压平衡盾构	—	贝壳刀	螺旋机耐磨加固、缩短叶片与套筒内壁间隙
以色列特拉维夫西段地铁[3-4]	9根φ1000mm桩基、2根φ1200mm桩基	C35混凝土、φ22主筋	—	高压旋喷加固	TBM	—	滚刀、撕裂刀	—
上海地铁14号线豫陆区间[5]	5根φ700mm桩基	水下C30混凝土、φ25主筋	灰色粉质黏土	—	—	复合式	撕裂刀	螺旋机伸缩装置、增设螺旋机检修口
南昌地铁2号线中阳区间[6]	1根φ1500mm桩基、3根φ1200mm桩基	C25混凝土、φ28、φ25、φ20主筋	淤泥质粉质黏土、砂土、圆砾层、强（中）风化泥质粉砂岩层	桩基托换和高压旋喷加固（RJP）	泥水平衡盾构	复合式（辐条+面板）	滚刀、撕裂刀	排浆泵口设置采集箱、仓内搅拌臂及锥形板改造、增设泥水仓挡渣格栅
宁波地铁4号线柳宁区间[7]	6根φ800mm桩基、1根φ700mm桩基	—	淤泥质黏土、粉质黏土	—	—	—	贝壳刀	管片设置背覆钢板、提高螺旋机功率和扭矩、增加人舱系统
苏州地铁2号线三石区间[8]	2根φ1200mm桩基、12根φ1000mm桩基	C25混凝土、φ22、φ20主筋	粉细砂、黏土	桩基托换和注浆加固	土压平衡盾构	—	贝壳刀	高功率无轴式螺旋机、螺旋机增设施工观测孔
上海地铁15号线天长区间[9]	被动切削钢筋混凝土结构物	—	灰色砂质粉土、灰色黏土、灰色粉质黏土	—	复合型盾构	—	滚刀	超声波探测系统、金属探测
宁波地铁3号线钱仇区间[10]	26根φ377mm桩基	C30混凝土	粉质黏土、黏土	—	土压平衡盾构	—	贝壳刀	螺旋机耐磨加固、缩短叶片与套筒内壁间隙
广州地铁棠黄区间[11]	3根φ1500mm桩基、5根φ1000mm桩基	—	—	主动托换和被动托换、注浆加固	土压平衡盾构	复合式	—	双闸门螺旋机、单管单泵注入式泡沫发生系统
上海地铁14号线浦浦区间、浦源区间[12]	22根φ800mm桩基	C15混凝土、φ28玻璃纤维筋	—	—	土压平衡盾构	—	—	增设径向注浆系统

1.4.1 受限空间软弱地层加固技术研究现状

软弱地基处理手段包括置换、排水固结、灌入固化物等方式,其中灌入固化物法针对淤泥、淤泥质土、黏性土和粉土等软土地基的加固效果较强[13]。国内外盾构隧道工程和车站施工中,基于灌入固化物法,应用较多的是深层搅拌法和高压喷射注浆法。如杭州地铁项目采用 MJS 工法加固淤泥质黏土地基,降低盾构下穿既有隧道时引起的结构扰动[14];扬州公路隧道项目采用 MJS 工法保护既有线路,将对既有隧道的影响控制在沉降 5mm 内[15];佛山地铁 3 号线车站施工过程受富水砂层和粉质黏土层影响,为降低涌水涌砂和建筑物大变形风险,采用 MJS 工法加固围护结构,使周边建筑物最大沉降控制在 3.24mm,最大水平位移控制在 1.79mm[16];福州滨海软基加固项目,为降低河床开挖引起的既有铁路沉降,同时满足桥下低净空作业需要,基于 MJS 工法和有限元分析方法分析软土地基加固措施,提出了相关施工参数[17];横琴杧洲海域盾构隧道工程,为加固施工区域内海相软土地层,进行了三轴搅拌桩、超高压旋喷工法桩(MJS)和水下深层水泥土搅拌桩(DCM)三种加固工法的对比分析,并明确了各工法的施工工艺与控制参数[18];杭州望江路盾构过江隧道工程采用深层搅拌桩、旋喷桩和局部垂直冻结方法联合加固软弱富水地层,以保证盾构始发井的安全施工[19];广州地铁 8 号线北延段下穿广州北环高速西樵人行涵洞工程,采用 MJS 工法斜向旋喷桩封边施工[20];上海轨道交通 14 号线管幕工程采用 MJS 工法加固淤泥质粉质黏土地层,降低暗挖施工引起的地表沉降[21]。

1.4.2 盾构刀具布置技术及磨桩刀盘选型研究现状

盾构刀具根据其对岩土的损伤形式,可分为滚压破岩刀具(滚刀)、剪切破岩刀具(切刀)和冲剪破岩刀具(撕裂刀)三种[22]。当切削对象为钢筋混凝土结构物时,因对桩基的损伤机理不同,滚刀与切刀的磨桩特性存在差别。袁大军[1]等认为,在切刀作用下,钢筋受混凝土完整包裹时方能实现有效切削断裂,当钢筋剥离出混凝土,钢筋的断裂形式将为拉断;在滚刀的作用下,外部混凝土被挤压破碎,裸露的钢筋受端部未破碎混凝土握裹作用,将通过环压切割方式挤压破碎。

在国内外盾构磨桩工程中,以撕裂刀为主切削刀具的案例较多[2-8,10],布置滚刀的工程案例较少[3-4,6,9]。杭州地铁 2 号线建中区间,以贝壳刀作为主要磨桩刀具,完成了 6 根直径 1000mm 桥梁桩基的连续切削作业[2];许华国[3]等通过对切削桩基效果、钢筋破坏形态、刀盘振动特性及刀具损伤形式进行统计分析,揭示全刀盘滚刀和全刀盘撕裂刀两种刀具对钢筋混凝土桩基的切削原理;上海地铁 14 号线豫陆区间配置全盘撕裂刀,完成 5 根通道结构桩基切削工作[5];南昌地铁 2 号线以滚刀为主磨桩刀具,顺利切削破除 4 根桥桩[6];宁波地铁 4 号线柳宁区间,配置贝壳刀为主要磨桩刀具,切削穿越 7 根桩基[7];宁波地铁 3 号线钱仇区间,同样以贝壳刀作为主要磨桩刀具,完成了 26 根直径 377mm 桩基的切削工作[10]。

在实际工程中,刀盘选型应根据地层条件决定,如岩质地层多使用面板式刀盘,砂层、小粒径砂卵石地层适用辐条式刀盘[22]。对于磨桩工程,桩基位于淤泥质粉质黏土地层[2]、粉质黏土地层[7]、富水粉砂层[8]等软弱地层时,刀盘应满足一定开口率,使砂、土和钢筋混凝土碎屑顺利排出。同时,刀盘应具有较高的强度和刚度,提高其破桩、耐磨和抗冲击能力。因此，复合式刀盘和基于复合式刀盘的改造刀盘成为盾构磨桩的主选刀盘。

1.4.3 盾构切削大直径钢筋混凝土群桩技术研究现状

1. 盾构磨桩辅助施工控制

盾构磨桩辅助措施是针对桩基切削施工而改进的注浆系统[5,6,9,11-12]和渣土改良系统[6,9,11]，以及考虑钢筋混凝土渣块输排进行的设备改造工作[1,5,7,9-11]。如苏州地铁穿越广济桥项目，采用无轴螺旋输送机，提高了输排钢筋和混凝土渣块效率[1]；上海地铁14号线豫陆区间磨桩工程，针对螺旋机卡死风险，配置螺旋机伸缩装置和3处壳体检修口以提高清障效率，同时配置内置式同步注浆系统，通过盾构径向注浆孔及时补浆，防止残桩伴随上部地层沉降至盾构及隧道[5]；南昌地铁2号线红阳区间需切削4根桥桩，通过改进排浆泵口、优化土仓内搅拌臂及锥形板、增设泥水仓挡渣格栅等辅助施工方式，配合完成磨桩作业[6]；宁波地铁4号线柳宁区间共7根桩基侵入隧道，通过优化螺旋机功率和扭矩，辅助完成桩基切削作业[7]；上海地铁15号线天长区间遭遇不明障碍物，通过加强螺旋机油压系统、增设管片注浆孔等方式恢复掘进，并进行隧道保护性注浆[9]；宁波地铁3号线钱仇区间需切削37根直径377mm桩基，通过加厚螺机叶片、缩减叶片与护筒间隙等方式保护螺旋机正常工作[10]；广州地铁21号线棠黄区间磨桩工程，为防止螺机喷涌和卡死，采用双闸门螺旋机并配置含蓄能器的液压控制系统，紧急停电时可自动关闭闸门，同时优化注浆、渣土改良系统以满足磨桩需要[11]；上海地铁14号线浦浦区间、浦源区间共计切削22根桩基，通过优化同步注浆系统、盾构机铰接装置和盾尾密封系统，顺利切削通过障碍区[12]。

2. 盾构磨桩试验

盾构磨桩的工程风险极高，项目施工前应基于已有的科研经验，围绕自身项目特点进行预试验，以把控潜在工程风险。试验可包括现场试验[1]、室内试验[3-4,24]和数值模拟研究[2,25-26]。

苏州广济桥项目[1]于盾构始发前，现场浇筑两根钢筋混凝土桩基，经盾构切削穿越后对盾构推力、扭矩、钢筋损伤、刀具磨损等方面做出评价，并提出优化方案；曾力[23]等依托郑州地铁5号线磨桩工程，进行盾构穿切单桩复合地基现场试验和数值模拟研究，得到磨桩过程的地表沉降、桩顶压应力和桩间土应力变化规律；许华国[3]、吴志峰[4]、李宏波[24]等基于盾构及掘进技术国家重点实验室桩基切削试验，认为在断筋长度方面全盘撕裂刀优于全盘滚刀，但配置全盘滚刀时刀盘更加稳定、刀具损伤更小，科研成果成功运用于以色列地铁项目；杭州地铁2号线项目[2]基于AdvantEdge FEM有限元模拟刀具切削钢筋，提出最优刀具布置方案；郑州地铁5号线项目[25]通过建立盾构下穿房屋基础数值模型，分析了随盾构掘进的房屋变形规律；刘军[26]等基于PFC3D建立盾构磨桩离散元颗粒流模型，总结出切刀切削力和桩体应力的变化规律。

1.4.4 盾构切削钢筋混凝土群桩刀具磨损及预测技术研究现状

盾构的磨桩过程通过刀具不断冲切混凝土和钢筋，使桩基破坏、断裂并伴随着刀具损伤。刀具的损伤可由刀具的磨、损分别定义。其中，"磨"指对刀体表面堆焊层的磨耗破坏，堆焊层对刀具起到一定保护作用，当堆焊层磨耗后未伤及刀具合金时，刀具仍具有磨桩能力;"损"则指刀具合金发生崩落缺失,对磨桩能力产生影响。对于已有的磨桩案例,上述的刀具磨损多出现在撕裂刀上,滚刀磨损相对较少[3-4]。

目前,刀具磨损检测技术从检测方式上可分为三种:电气磨损检测、液压磨损检测和气压磨损检测。电气磨损检测以超声波检测和金属检测为主,特别是超声波检测,通过对比超声波从发射—到达待测界面反射—接收反射波的时间判断刀具损伤,是一种实时检测方式,受众以三菱、石川岛、小松等为代表的日本盾构厂家为主;液压磨损检测技术,当刀具磨损到一定程度,将造成刀具的内腔压力无法保持,由此判断刀具磨损量,受众以德国海瑞克、美国罗宾斯等为代表的盾构厂家为主;气体磨损检测技术应用于法国 NFM 公司的 TBM 中,通过向刀具空腔内压缩一定量携带异味的惰性气体或易于检测反应的化学气体,刀具磨损后引起气体泄漏,由检测装置接收后判断磨损状态[27]。通过上述磨损检测手段,可对盾构磨桩时的刀具状态实时分析,判断刀具能否完成后续磨桩任务,如上海地铁 14 号线豫陆区间即配置了磨损检测装置开展磨桩施工[5]。

刀具的磨损预测理论多基于磨损量、刀具轨迹半径、运行里程、同轨迹刀具数量等参数分析得出。吴俊[28]基于电镜试验结果,引入微观磨损计算模型,结合刀具破岩力学模型提出了刀具磨损预测模型,分析了刀具磨损量受刀具布设半径的影响规律;许黎明[29]等基于厦门轨道交通 2 号线跨海段的刀具磨损情况,采用理论预测模型和试验预测模型方法计算刀具不同轨迹半径的磨损速率,并预测对应的换刀距离;王飞[31]介绍了日本关于盾构刀具磨损预测的计算模型,由磨桩长度和磨损量定义磨损系数,由磨损系数进行后续刀具磨损预测。

1.4.5 小结

对比已有盾构磨桩工程案例,本工程磨桩有以下特征:

(1)隧道处于软流塑地层,该地层土体含水率高、承载力低、塑性强,对掘进过程中的桩体位移限制弱,易引起桩体侧移并影响上部结构安全。

(2)桩体直径大、数量多,部分为悬臂桩。该工程需连续切削穿越 47 根大直径钢筋混凝土桩基,其中工程桩直径 1000mm,全断面侵入;围护桩直径 800mm,悬臂侵入。

(3)为保证软流塑地层磨桩作业的顺利完成,在桩体侵入隧道顶部及底部 3m 范围内和桩周 3m 内采用 MJS 工法加固土体。在限制桩体位移的同时,使盾构刀具对钢筋和混凝土形成有效切削。

基于以上特征,开展软流塑地层盾构切削大直径钢筋混凝土群桩的工程实践具有较高的技术挑战和工程意义。研究磨桩关键技术可以促进盾构直接磨桩的理论发展和技术进步,指导实际磨桩工程的施工。

1.5 研究内容及创新点

1.5.1 研究内容

1. 受限空间软流塑地层 MJS 加固技术研究

采用全方位高压喷射工法(MJS)对软流塑地层受限空间加固,以 MJS 工法施工原理与工艺为基础，为适应软流塑地层盾构切削群桩工况，对 MJS 设备进行低净空与倾斜角度改造。以地内压力值为核心，建立了各注浆参数随地内压力变化的回归方程，并基于试桩试验强度分析结果，提出施工参数控制表。通过加固体取芯，验证加固区整体强度，满足设计要求。

2. 盾构磨桩刀盘选型及刀具布置技术研究

分析软流塑地层盾构切削大直径钢筋混凝土群桩施工的重难点，提出盾构机选型依据及适用性改造方案。依据现有磨桩案例，确定磨桩主力刀具，并对刀具布置做出分析，提出"三区刀"和"三层刀"布置原则。收集统计盾构切削后的断筋与混凝土渣样，分析了钢筋破坏形式及混凝土渣样级配，揭示了盾构切削桩基规律，同时验证了盾构刀具配置的有效性。

3. 盾构磨削大直径钢筋混凝土群桩技术研究

针对盾构磨桩工程特性，对同步注浆与二次注浆的浆液配比、施工参数控制、渣土改良方式、盾构开仓方案进行分析研究，得出适合盾构磨桩的辅助施工技术。从磨桩过程记录、参数控制、地表及建（构）筑物变形、管片变形多方面分析，总结出一套适用于软流塑地层的盾构连续切削大直径钢筋混凝土群桩掘进参数控制技术。

4. 盾构切削钢筋混凝土群桩刀具磨损及预测技术研究

分析主要磨桩刀具损伤形式，按"磨"与"损"分别统计刀具磨损情况。计算刀具磨损系数，基于以上统计与计算，对刀具磨桩能力进行预测。

1.5.2 创新点

（1）构建了复杂环境软流塑地层盾构切削大直径钢筋混凝土群桩的"预加固、促均质、易切削、小扰动、微沉降"控制理念，改进并优化了 MJS 注浆设备与注浆参数，实现了受限空间多向注浆孔地层的安全高效加固。

（2）建立了以撕裂刀为主的"三区刀"和"三层刀"盾构刀具布置准则，揭示了盾构刀具连续切削群桩损伤机理与桩钢筋破断形态，得出了刀具最大磨损系数，实现了刀具切削群桩损伤度的科学预测。

（3）提出了"小扭矩、慢推速、低转速、调姿态、控超挖"的盾构磨桩控制原则，确定了盾构最优连续切削群桩掘进参数，形成了成套软流塑地层盾构连续切削大直径钢筋混凝土群桩的施工工艺与控制关键技术。

1.6 技术路线图

针对软流塑地层盾构连续切削大直径钢筋混凝土群桩的工程特性，将理论分析与实际工程相结合，制定了盾构磨桩关键技术的研究路线，如图 1.6-1 所示。本书包括盾构前期的 MJS 加固，盾构初期的盾构选型及刀盘刀具配置，盾构磨桩时的辅助施工及掘进技术，磨桩后的刀具损伤及钢筋混凝土渣样分析等内容。通过调研和理论分析、数据分析以及实际工程相结合，最终形成一套软流塑地层盾构连续切削大直径钢筋混凝土群桩关键技术。

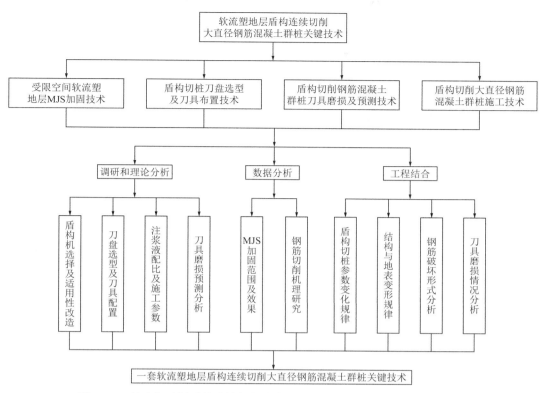

图 1.6-1　软流塑地层盾构连续切削大直径钢筋混凝土群桩关键技术路线图

第 2 章

受限空间软流塑地层 MJS 加固技术

2.1 全方位高压喷射注浆工法（MJS）原理与施工工艺

2.1.1 MJS 工法施工原理

1974 年，Nakashima 改进了传统高压喷射注浆工艺，创建了 MJS 工法（Metro Jet System），也称全方位高压喷射注浆法。MJS 工法与高压喷射注浆法的主要区别在于，MJS 工法实时监测地内压力数据，配合主动排泥，控制注浆过程地内压力大小，实现水泥浆液与土的合理置换，使形成的加固桩体具有更大的强度和直径，并在一定程度上控制地层沉降变形。MJS 注浆过程即浆土置换过程。注浆时，高压浆液喷射流切削周围土体，使浆土混合，由于黏土渗透系数较小，注浆过程将挤压部分黏土，通过钻杆端头的压力传感器实时监测地层压力状态，并在高速水流及空气流作用下由排泥口排出黏土。通过控制地层压力稳定，可间接提升加固体直径及强度，并减小地层隆起。

2.1.2 MJS 工法施工工艺

MJS 作业过程分两个阶段。第一阶段为成孔阶段，使用履带式深基坑锚固钻机，沿设计深度及角度成孔，使喷头达到预定的深度；第二阶段为喷射加固阶段，以约 40MPa 的注浆压力，通过钻杆喷射头向周围土体喷射，旋喷与钻杆回提同步进行，回喷至设计标高后 MJS 工法成桩完成。

MJS 工法涉及的作业参数主要有：注浆压力、浆液相对密度、注浆流量、步进时间、倒吸压力、地内压力等。

注浆压力代表浆液对土体的切削能力，对成桩直径和加固体强度有显著影响。浆液相对密度反映了水灰比的影响，从材料角度影响了浆土置换及土体加固效果。注浆流量取决于注浆压力及喷嘴尺寸，配合步进时间可对加固体注浆量进行控制。步进时间指钻杆提升某一固定距离（通常为 25mm）所需时长，反映了注浆管提升速度。倒吸压力即控制倒吸水和倒吸气压力，在多孔管排泥口形成高速水流及空气流，吸出深部土体。地内压力即注浆过程中，注浆位置受地质条件、注浆参数、倒吸作用等因素综合影响下的压力反馈示数，以压力的形式反映了该地层土体的物理状态。图 2.1-1 为 MJS 桩施工流程图。图 2.1-2 为喷浆施工示意图。

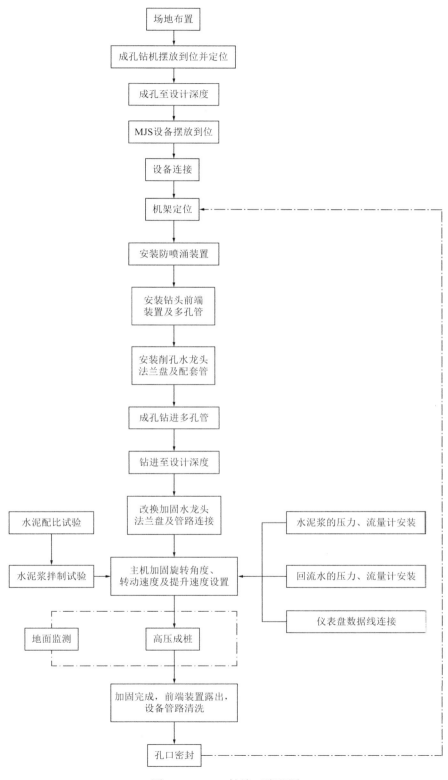

图 2.1-1　MJS 桩施工流程图

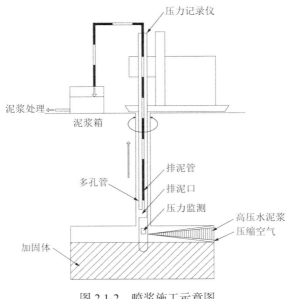

图 2.1-2 喷浆施工示意图

2.2 超低净空 MJS 成套设备改造技术

2.2.1 MJS 加固环境

根据本区间工程筹划，盾构穿越市行政中心三街通道依次为东侧人行通道、中间车行通道、西侧人行通道。地下三通道均为钢筋混凝土箱形结构，主筋直径 28mm，C30 混凝土。东西侧人行通道净空均为 7m×3.3m（刨除铺装层后高 3.6m），覆土深度约为 2.48m，通道长 81m；中间车行通道净空为 8.3m×4.25m，覆土 3.32m，通道长 93m。表 2.2-1 为三通道待切削桩体统计表。

围绕盾构磨桩位置，建立了 Q1～Q8 八个加固区。每个区域竖向加固范围为底板以下 3m、隧道顶部及底部 3m 两个加固范围，水平加固范围为桩外侧 3m 处（Q2 区域考虑盾构机开仓加固范围为桩西侧 4.7m）。MJS 桩体共 329 根，其中 61 根垂直桩，268 根倾斜桩，桩长最长 13.5m，桩径 2.4m；其中底板下 MJS 加固桩 268 根，最长桩长 3.2m，桩径 0.8m。图 2.2-1 为人行通道和车行通道现场情况。图 2.2-2 为通道与隧道相对关系示意图。图 2.2-3 为三通道桩基、MJS 加固区与隧道平面关系图。

镜后区间盾构穿越三通道桩基情况统计表　　　　表 2.2-1

线路	桩型	桩径（mm）	桩长（m）	侵入隧道形式	桩基主筋配筋形式	侵入隧道根数
东侧人行通道	工程桩	1000	33	整根	20φ25	左线 4 根，右线 2 根
中间车行通道	工程桩	1000	50.3～53.3	整根	20φ25	左线 2 根，右线 4 根
中间车行通道	围护桩	800	23.3	悬臂侵入 3.8m	9φ25	左线 15 根，右线 14 根
西侧人行通道	工程桩	1000	33	整根	20φ25	左线 4 根，右线 2 根

合计：47 根（18 根工程桩，29 根围护桩）。

图 2.2-1　人行通道和车行通道现场情况

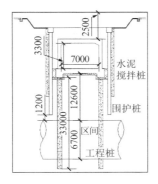
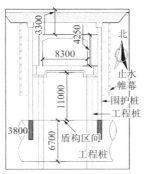
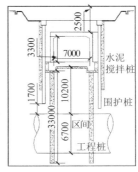

图 2.2-2　通道与隧道相对关系示意图

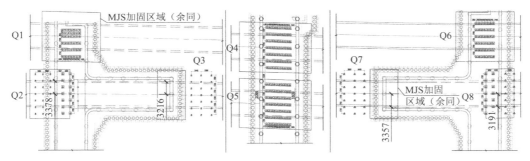

图 2.2-3　三通道桩基、MJS 加固区与隧道平面关系图

2.2.2　MJS 设备低净空改造

为解决作业场地净空受限问题，开展 MJS 设备改造工作。MJS 作业由成孔和注浆两个阶段构成。成孔为注浆的预作业阶段。基于设计要求，沿规定深度及角度钻孔，成孔后，将多孔管沿既有角度及深度逐节安装，达到预定深度后开始注浆。注浆阶段，通过控制预设步距旋喷回提，并逐节拆杆，直至杆件全部取出，注浆阶段结束。

1. 成孔设备改造

成孔设备为履带式深基锚固钻机，钻机作业倾角为 0°～90°，动力头最大输出转速 170r/min，动力头最大输出扭矩 7500N·m，机具性能满足 MJS 成孔作业需要。设备改造前，钻机标准作业净高约 5400mm，作业面净高要求 3300mm，改造方面如下：缩短桅杆长度,减小作业净高限制;减小导轨长度,使动力端头在超低净空环境下沿导轨正常运作;改进钻杆尺寸,使用特制短钻杆成孔,以配合短桅杆及导轨作业,如图 2.2-4 所示,改造参数见表 2.2-2。

2. 注浆设备改造

MJS 注浆设备为 MJS-60VH,作为专业 MJS 作业设备,MJS-60VH 配合 GF-200SV 高压泥浆泵,可维持 40MPa 注浆压力。设备改造前,标准作业净高 6000mm,进行如下改造:控制导轨长度,通过缩短并固定导轨尺寸等方式,满足作业条件;控制多孔管尺寸,使用短截多孔管配合短导轨作业。注浆设备改进如图 2.2-5 所示,设备改造参数见表 2.2-2。

图 2.2-4　成孔设备改进

图 2.2-5　注浆设备改进

设备改造参数　　　　　　　　　　　　　表 2.2-2

	改造项目	改造前(mm)	改造后(mm)
成孔设备	导轨长度	4200	1800
	拖链装置	2000	取消拖链
	桅杆长度	4700	2600
	设备尺寸	3200×2000×5400	3200×2000×3300
	钻杆长度	2000	1000

续表

	改造项目	改造前(mm)	改造后(mm)
注浆设备	导轨长度	2000	1200
	设备尺寸	4000×2060×6000	2530×1500×3000
	多孔管长度	1000	750

2.2.3 MJS设备倾斜角度改造

MJS 钻机自身不具备角度调节功能，需配合施工平台和翻转机架实现角度调节，如图 2.2-6 所示。由常规地质钻探机改装而成，钻机机身高度较小，更适用于狭小空间作业。施工时，通过测量仪按桩体设计位置放出钻机前后两端各一个坐标点，两个坐标点与桩心位置连成一条线确定出钻机机架与桩位线的平面横向角度。

图 2.2-6 钻机作业平台

利用钻机自身的球卡式夹持机构，调节翻转机架至设计倾斜角度，调整机架钻杆与桩心位置对应，将机架与地面预埋型钢焊接固定。施工时采用电子数显角度尺复核机架倾角是否准确，直至倾斜角度符合设计要求。

由于通道侧施工作业空间狭小，不便于施工吊物，因而需制作辅助施工平台。施工平台分两层，第一层平台用于成孔施工拆装多孔管，第二层平台用于喷浆施工拆卸多孔管，卷扬机起吊设施放置于第二层平台上。平台支撑采用 H100 型钢，支撑底脚与机架采用装配式安装，使平台与机架底部形成整体，以便移动。机架与翻转支架之间设置装配式型钢进行加固，必要时，可增加平台与机架倾角设置横钢加固，减少液压支撑受力，以防翻转支架脱落。通过翻转机架的调节，完成了MJS注浆角度控制，实现了净空受限条件下的加固区作业要求。

2.3 软流塑地层MJS加固区作用分析

为提高软流塑地层盾构磨桩效果，降低磨桩时因土体强度低引起的桩基变形和结构的不均匀沉降，围绕磨桩位置设置了MJS加固区，以提高桩周土体强度，降低磨桩过程对地层、结构的扰动。MJS加固范围的确定则应围绕隧道径向和包含桩基在内的轴向一定范围内，对管片及桩基实现完整包裹。本节将基于有限元方法，使用Abaqus软件具体分析MJS加固区对盾构磨桩过程的影响。

2.3.1 模型建立

模型由地层、加固区、盾构隧道、桩基及通道结构组成，如图2.3-1所示。基于生死单元法，盾构开挖过程简化为施加掌子面荷载（隧道开挖）、激活隧道管片（盾构支护）、杀死管片内土体（土体输排），此为盾构掘进一环。掌子面荷载施加时，同步降低该环土体弹性模量80%，以模拟开挖。隧道形成过程将重复上述步骤，共计开挖10环，直至进入加固区后掌子面荷载作用在桩基所在环，使桩基和结构产生变形，模拟结束。

为保证模拟结果，降低尺寸效应对精度的影响，地层尺寸分别为X向（隧道轴向）40m、Y向（隧道横向）40m、Z向（深度方向）70m，特别控制Y向尺寸大于隧道直径的5倍。

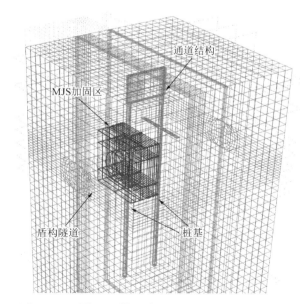

图2.3-1 盾构施工模型建立

2.3.2 模型参数设置

1. MJS加固体和地层参数

地层由素填土和粉质黏土构成，参数见表2.3-1，数据参考实际地层参数。受莫尔-库仑本构关系影响，模型中的部分内摩擦角取值（如11.8°）无法完成地应力平衡，故先采用场变量定义法统一内摩擦角，完成地应力平衡后恢复实际内摩擦角取值，进行掘进分析。

MJS加固体黏聚力和内摩擦角分别设置为50kPa和40°，密度根据设计要求的水泥掺量不低于40%计算为2200kg/m³。加固范围控制在隧道顶部、底部及横向3m内，轴向控制在桩体前后3m内。

MJS加固体和地层参数设置表 表2.3-1

	层厚（m）	密度（kg/m³）	弹性模量（Pa）	泊松比	黏聚力（Pa）	内摩擦角（°）	剪胀角（°）
素填土	17	1840	20000000	0.37	19000	11.8	0.1
粉质黏土	53	1840	20000000	0.30	23500	20	0.1
MJS加固体	—	2200	200000000	0.23	50000	40	0.1

2. 管片、桩基与通道结构

管片混凝土强度等级为C50，桩基和通道结构混凝土强度等级为C30，材料弹性模量参考上述强度等级设置为29GPa和23.4GPa。模型中未单独设置钢筋单元。模型的管片、桩基与通道结构尺寸与实际尺寸一致（通道结构沿其纵深方向取1m研究）。管片、桩基与通道结构为线弹性材料，单元采用C3D8R。桩-土体、结构-土体采用面面接触，有限滑移；法向接触为"硬"接触，切向摩擦为罚函数，摩擦系数0.35。结构与桩基采用tie绑定，管片与土体同为绑定约束tie。相关参数如表2.3-2所示。

管片、桩基与通道结构参数 表2.3-2

	密度（kg/m³）	弹性模量（Pa）	泊松比
管片	2400	29000000000	0.23
桩基、通道	2400	23400000000	0.20

2.3.3 MJS加固效果分析

1. 地层位移

基于有限元计算结果，MJS加固区限制了盾构掘进过程中引起的地层变形。加固区设置在桩体前后3m，弱化了掌子面土压力在地层中的应力扩散和土体位移。盾构开挖至桩基后，桩周土体最大位移由14mm控制为2mm，如图2.3-2所示。地层竖向位移如图2.3-3所示，进入加固区后，对隧道竖向土体约束效果较好，隧道底部隆起由加固前40mm降至加固后8mm，顶部沉降由加固前20mm降至加固后5mm。

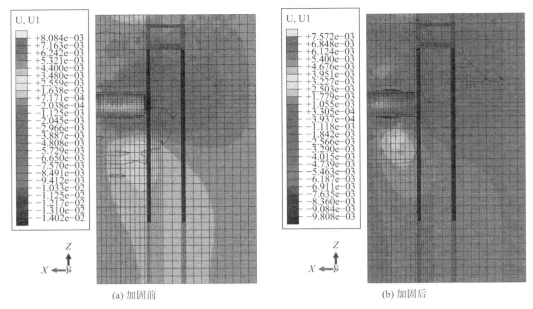

(a) 加固前　　　　　　　　　　　　　(b) 加固后

图 2.3-2　MJS 加固对地层水平位移的影响

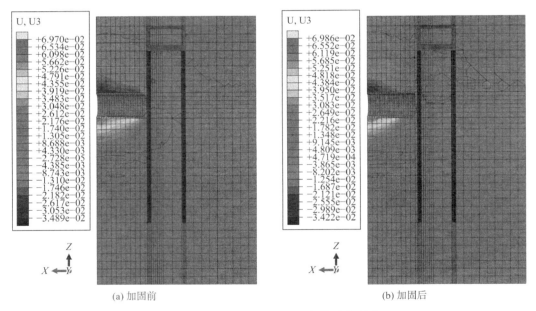

(a) 加固前　　　　　　　　　　　　　(b) 加固后

图 2.3-3　MJS 加固对地层竖向位移的影响

2. 桩基变形

未进行桩基加固时，盾构开挖至桩侧引起的桩基最大水平位移约 11mm，如图 2.3-4 所示，围绕隧道中心约 13m 范围内（2 倍开挖直径）的桩基水平位移已超过 5mm，变形较显著。对于盾构磨桩工程，掘进速度一般控制在 3～5mm/min，贯入度可控制在 3～6mm/r，根据有限元分析结果，加固前盾构磨桩掘进伴随的桩基位移将不利于磨桩施工。

围绕桩基前后 3m 加固后，桩体水平位移基本控制在 3mm 内，部分开挖面桩基位移达到 3.3mm，可以实现桩基的顺利磨切通过。

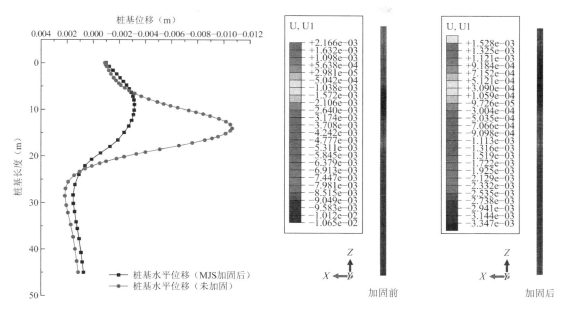

图 2.3-4 盾构掘进至桩前的桩基水平位移

3. 地表变形

图 2.3-5（a）为第 1 环对应的地表位置至第 10 环地表处的沉降值，管片环宽 1.2m，共统计地表 0~12m 沉降规律。图 2.3-5 中，最大沉降均位于第 1 环地表，最小沉降位于第 10 环桩基附近地表，沉降量呈非线性递减趋势。随着盾构开挖，掘进至第 4 环时，距加固区 4.8m，地表位移受加固区影响较小；掘进至第 7 环时，距加固区 1.2m，加固区对地表沉降有限制作用，此时桩基处地表隆起 0.5mm；掘进至桩前时，设置加固区后，已掘进区段地表最大沉降为 2mm，减小地层沉降 3mm，但桩基位置地表（开挖面地表）土体隆起约 3mm。

盾构逐渐接近加固区后产生显著隆起的原因与土体和加固区本构有关。土体作为弹塑性材料，模量低，盾构对地层扰动时将产生非线性压缩变形；而加固体近似为弹性体，具有较高的弹性模量，受地层扰动时，在自身小变形状态下将荷载传递至上部土层，一定程度上减小了地层的可压缩空间，造成进入加固区后的地表隆起。

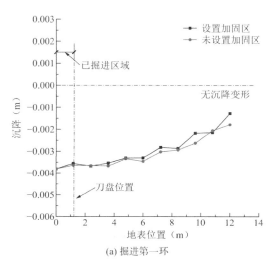

(a) 掘进第一环

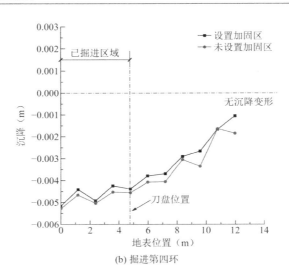

(b) 掘进第四环

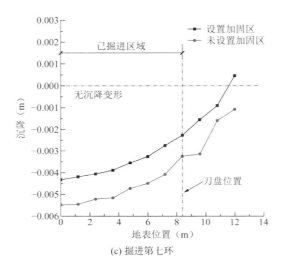

(c) 掘进第七环

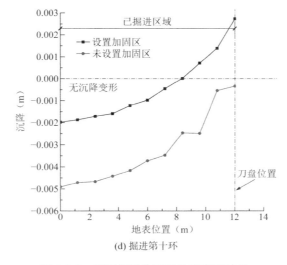

(d) 掘进第十环

图 2.3-5　不同掘进位置的地表变形结果

2.3.4 小结

通过设置 MJS 加固区,并将加固范围控制在隧道顶部、底部及横向 3m 内,轴向控制在桩体前后 3m 内,限制了盾构磨桩施工过程引起的地表、地层和桩基位移,使地表最大位移降低了 60%,桩基水平位移降低了约 70%,桩周土体最大位移减小了约 86%,隧道底部隆起降低了 80%,隧道顶部沉降降低了 75%,为盾构磨桩施工提供了安全保障。

2.4 软流塑地层 MJS 施工技术

2.4.1 MJS 设备就位及后配套布置技术

根据图 2.2-3 所示 MJS 桩位分布情况,MJS 施工大体分为地面部分、车行通道部分和人行通道部分三个施工作业面。

对此地面围蔽三个工作面进行施工,北侧设置两个地面施工作业区,南侧区域作为后台区域,布设包括 MJS 后配套、水泥罐、配电箱、泥浆存放及渣土堆放等。通道内施工管线均由南侧接入,废泥浆等通过水泵、管道及储浆桶等多级中转的方式输出作业面至后台区域再外运。

表 2.4-1 为机械设备使用统计结果,其中高压泵、空压机为后配套装备。在指定位置喷射施工时,打开倒吸水和倒吸气;其次,开启排泥阀排除渣土;随后,开启高压泵和空压机泵送水泥罐内浆液。高压水泥泵开启时需注意注浆压力和注浆流量,确保加固体置换率,同时避免注浆压力陡增,及时进行压力的调节。

机械设备使用表　　　　表 2.4-1

序号	设材名称	规格	数量
1	MJS-60VH/65CVH	主机	3 套
2	GF-120SV	高压泵	2 套
3	GF-75SV	高压泵	2 套
4	多孔管	0.75m/1.5m	90 根/45 根
5	水泥浆搅拌设备	拌浆量 ≥ 9m³/h	1 套
6	空压机	流量 ≥ 2.0m³/min,压力 ≥ 0.7MPa	2 台
7	GF-120SV 高压管	6 分,耐压:40MPa	若干
8	GF-75SV 高压管	4 分,耐压:20MPa	若干
9	高压泵用输送管	1 寸	若干
10	空气用配管	4 分/6 分	若干
11	排泥钢丝管	3 寸	若干

序号	设材名称	规格	数量
12	水桶	6t	3个
13	废浆箱	45m³	3个
14	废浆斗	6m³	4个

注：1寸 = 3.333cm。

2.4.2 MJS 施工参数控制技术

基于多元线性回归分析方法，以地层深度、干密度、塑性指数、含水率、步进时间、浆液相对密度、注浆压力、注浆流量、倒吸压力作为自变量，位移作为因变量，建立了多元线性回归模型。

回归分析软件为 Minitab17，基于 Q6 地区 42 根 MJS 工法桩，36 组地表位移监测数据，666 组注浆参数的统计结果，建立了 MJS 位移预测模型。

建模思路：首先，地内压力综合反映了土层物理性质、注浆作用、倒吸作用等多方面影响，因此，建立了地表位移随不同深度的地内压力变化的回归模型；其次，以各注浆参数和土层参数作为自变量，地内压力作为因变量，分析由各参数影响的地内压力变化规律；最后，综合分析两种回归模型，完成各参数对地表变形规律的预测。

1. 地内压力与地表位移

图 2.4-1 为加固区分布和 Q6 区域监测点位布置情况。为了便于模型的实际应用，将模型参数除以各自的单位参考值进行无量纲化。以地表位移为例，令 Δx^* 为无量纲化地表位移，$\Delta x^* = \frac{\Delta x}{\Delta x_0}$，其中 Δx 为实测地表位移（mm），Δx_0 为单位地表位移参考值（$\Delta x_0 = 1\text{mm}$）。其余参数，地内压力 σ_{ex}^*、地层深度 H^*、土体干密度 ρ_d^*、土的塑性指数 I_P^*、土体天然含水率 W_0^*、步距时间 T_S^*、注浆流量 Q^*、浆液相对密度 G_g^*、注浆压力 σ_g^* 和倒吸压力 σ_d^* 的无量纲化方法一致。

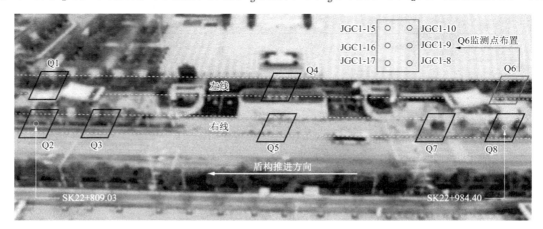

图 2.4-1 加固区分布及 Q6 区域监测点位布置

Q6 地区地表位移数据如图 2.4-2 所示。基于监测数值，地表位移随各深度地内压力变化规律见式(2-1)。

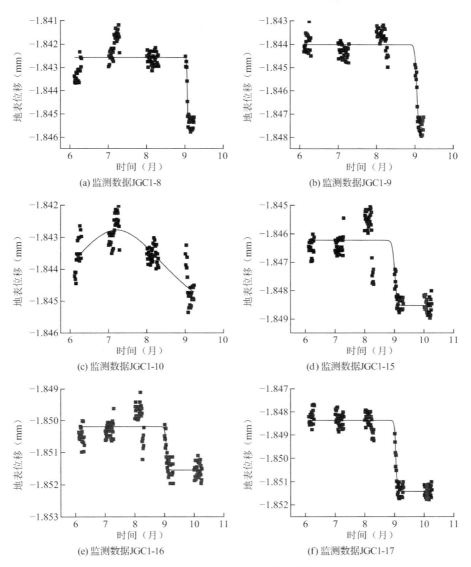

图 2.4-2 Q6 地区地表位移数据

$$\Delta x^* = -1.43 - 6.53\sigma^*_{e21.5} - 20.73\sigma^*_{e21.25} + 21.10\sigma^*_{e20.5} + 28.00\sigma^*_{e19.75} - 1.97\sigma^*_{e19} + 7.80\sigma^*_{e18.25} - 16.70\sigma^*_{e17.5} - 22.62\sigma^*_{e16.75} + 10.9\sigma^*_{e16} + 13.8\sigma^*_{e15.25} + 10.49\sigma^*_{e14.5} - 37.10\sigma^*_{e13.75} + 22.4\sigma^*_{e13} - 0.02\sigma^*_{e12.25} - 0.93\sigma^*_{e11.5} + 4.52\sigma^*_{e10.75} - 17.59\sigma^*_{e10} + 8.19\sigma^*_{e9.25}$$

(2-1)

式中：Δx^*——无量纲化地表位移；

σ^*_{ex}——距作业面 x m 深土层的无量纲化地内压力，如 $\sigma^*_{e21.5}$ 指距作业面 21.5m 深处的无量纲化地内压力值。

表 2.4-2 为不同深度地内压力统计学指标。根据表中数据，多元线性回归模型的可决系数 R^2 为 0.77，模型线性相关性较好。P 值即概率，反映了参数的显著性程度，$P \leqslant 0.05$ 表示有 5%的概率源于偶然性。基于表 2.4-2，$\sigma^*_{e21.25}$、$\sigma^*_{e19.75}$、$\sigma^*_{e16.75}$、$\sigma^*_{e13.75}$ 为显著影响地表变

形的地内压力数值，即对于 Q6 地区，控制好覆土深度 21.25m、19.75m、16.75m 和 13.75m 一定范围内的地内压力，将对地表变形产生一定程度的控制。

不同深度地内压力统计学指标　　　　　表 2.4-2

项目	C_{oef}	T	P	R^2
（常量）	−1.43	−1	0.332	
$\sigma^*_{e21.5}$	−6.53	−1.26	0.229	
$\sigma^*_{e21.25}$	−20.73	−3.46	0.003	
$\sigma^*_{e20.5}$	21.1	1.79	0.094	
$\sigma^*_{e19.75}$	28	2.59	0.021	
σ^*_{e19}	−1.97	−0.28	0.785	
$\sigma^*_{e18.25}$	7.8	0.55	0.593	
$\sigma^*_{e17.5}$	−16.70	−1.72	0.105	
$\sigma^*_{e16.75}$	−22.62	−2.37	0.032	
σ^*_{e16}	10.9	0.97	0.349	0.77
$\sigma^*_{e15.25}$	13.8	1.16	0.265	
$\sigma^*_{e14.5}$	10.49	1.18	0.255	
$\sigma^*_{e13.75}$	−37.10	−3.78	0.002	
σ^*_{e13}	22.4	1.89	0.079	
$\sigma^*_{e12.25}$	−0.02	0.00	0.998	
$\sigma^*_{e11.5}$	−0.93	−0.11	0.911	
$\sigma^*_{e10.75}$	4.52	0.49	0.629	
σ^*_{e10}	−17.59	−1.95	0.070	
$\sigma^*_{e9.25}$	8.19	0.97	0.348	

式(2-1)为 Q6 场地整体变形规律，为分析 $\sigma^*_{e21.25}$、$\sigma^*_{e19.75}$、$\sigma^*_{e16.75}$、$\sigma^*_{e13.75}$ 对地表变形的控制，令其余深度地内压力值为常数项，设地表位移为 0。如式(2-2)所示，通过控制常数项 Δx^*_1 数值，得出地内压力的合理控制范围，并以此控制地表位移。

$$[-20.73 \quad 28.00 \quad -22.62 \quad -37.10] \begin{bmatrix} \sigma^*_{e21.25} \\ \sigma^*_{e19.75} \\ \sigma^*_{e16.75} \\ \sigma^*_{e13.75} \end{bmatrix} = \Delta x^*_1 \qquad (2\text{-}2)$$

式中：Δx^*_1——控制地表位移为 0 后的常数项无量纲数值。对应深度的地内压力参考值如下：

$$\sigma_{e21.25}^* = 0.28 \sim 0.30$$
$$\sigma_{e19.75}^* = 0.26 \sim 0.28$$
$$\sigma_{e16.75}^* = 0.23 \sim 0.25$$
$$\sigma_{e13.75}^* = 0.18 \sim 0.21$$

通过控制对应深度的地内压力在该数值范围内，即可对地表位移起到一定程度的控制作用。

2. 地内压力与地层参数及注浆参数

地内压力与地层及注浆参数的多元线性回归方程如式(2-3)所示。模型由两方面考虑对地内压力的影响。第一，由地层深度、干密度、塑性指数和含水率反映注浆过程中土层的物理性质对地内压力的影响，所选地层参数综合反映了地层中土水含量及土水相互作用；第二，由注浆压力、注浆流量、浆液相对密度、提升步距和倒吸压力反映注浆过程中高压浆液对土体的切削、挤压及土体排出等力学行为对地内压力的综合影响。

$$\sigma_{ex}^* = -0.9590 + 0.0135H^* + 0.0244\rho_d^* + 0.0078I_P^* + \\ 0.0026W_0^* - 0.0022T_S^* + 0.0003Q^* + \\ 0.351G_g^* + 0.0073\sigma_g^* - 0.0018\sigma_d^* \tag{2-3}$$

式中的无量纲化指标：地内压力 σ_{ex}^*；地层深度 H^*；土体干密度 ρ_d^*；土的塑性指数 I_P^*；土体天然含水率 W_0^*；步距时间 T_S^*；注浆流量 Q^*；浆液相对密度 G_g^*；注浆压力 σ_g^*；倒吸压力 σ_d^*。

基于式(2-3)，模型自变量的统计学指标见表2.4-3。以 $P \leqslant 0.05$ 作为显著性分析标准，对地内压力的显著影响因素包括：地层深度、塑性指数、含水率、提升步距、浆液相对密度、注浆压力及倒吸压力。其中 C_{oef} 为自变量系数，可作为对地内压力影响强度的定量分析标准。分析结果表明，土层参数中，地层深度和干密度对地内压力的影响较为显著；对于注浆参数而言，注浆压力和浆液相对密度对地内压力的影响强度较高，浆液相对密度最为明显。当注浆压力一定时，浆液相对密度对地内压力影响最大。

地层参数和注浆参数的统计学指标　　　　表 2.4-3

项目	C_{oef}	T	P	R^2
（常量）	−0.9590	−4.05	0.000	
H^*	0.0135	46.44	0.000	
ρ_d^*	0.0244	0.61	0.539	
I_P^*	0.0078	2.95	0.003	
W_0^*	0.0026	2.54	0.011	0.89
T_S^*	−0.0022	−4.78	0.000	
Q^*	0.0003	0.98	0.327	
G_g^*	0.3510	3.09	0.002	
σ_g^*	0.0073	7.08	0.000	
σ_d^*	−0.0018	−3.13	0.002	

3. 基于参数修正的实际参数控制值

各参数与地内压力的相关关系建立完毕后,结合实际施工经验,参数取值如表2.4-4所示。

MJS加固施工参数拟定表　　　　表2.4-4

序号	项目		单位	技术参数
1	压缩空气	气压	MPa	0.6~0.8
		气量	m³/min	≥0.8
2	水泥浆	压力	MPa	≤40
		浆量	l/min	85~110
3	提升速度		mm/min	19~25
4	旋转速度		r/min	4
5	喷嘴直径		mm	2.8
6	水灰比		—	1:1~1:1.1
7	浆液相对密度		g/cm³	1.5~1.6
8	地内压		MPa	根据桩位所在环境及结构监测情况确定

2.4.3 MJS回浆渣土分离技术

MJS成桩过程会产生回浆,回浆首先由泵送装置统一收集至钢箱预沉淀,并将清水抽排至其余钢箱进行无害化处理;初步沉淀完成后,使用挖掘机将钢箱内渣土挖掘至渣土池晾晒,并由运渣车外运处理;现场同时配备了压滤机,如图2.4-3所示。通过压滤机叶片挤压,水分从叶片排水槽道排出。叶片再次拉开后,干燥渣土掉落至压滤机下方,由挖掘机挖至渣土池,降低渣土含水率后,降低了渣土外运过程的溅落率。

图 2.4-3　回浆渣土分离过程

2.5 MJS加固效果检测

2.5.1 加固体芯样强度

MJS加固区设计长度为13.5m,设计桩径2400mm,测试深度31.50m,一根高压旋喷桩检测3处强度。取芯设备采用Xy-1型高速钻机，合金钻头，钻孔位置确定在距桩中心100～150mm处，保证钻孔有良好垂直度，防止钻出桩体外，钻进过程每回次进尺不超过1.5m。

表2.5-1以Q7区291号桩基1号孔位为例，进行芯样描述和无侧限抗压强度试验，图2.5-1为芯样实物图。芯样内部有明显结石体产生，连续、完整、坚硬、均匀，整体强度均高于1.2MPa，满足强度设计要求。图2.5-2为MJS芯样的强度结果。

Q7区291号桩基1号孔位检测结果　　　　表2.5-1

取芯桩号	291	孔号	1号	桩径	2400mm
设计加固区长度	13.50m	施工日期	2021.6.4	取芯日期	2021.8.6
测试依据		JGJ 106—2014、GB 50007—2011、JGJ 340—2015		测试仪器	Xy-1型
回次	进尺（m）	累计孔深（m）	芯样长度（m）	芯样描述及评价	
1	—	17.00	—	上部17.00m空桩	
2	1.0	18.00	0.46	17.48m处进入强加固区，芯样基本完整，坚硬，搅拌基本均匀，呈柱状，部分呈块状	
3	1.0	19.00	0.89	芯样连续、基本完整、坚硬，搅拌均匀，呈短柱状	
4	1.0	20.00	0.90	芯样连续、完整，坚硬，搅拌均匀，呈柱状	
5	1.0	21.00	0.89	芯样基本完整，坚硬，搅拌均匀，呈柱状	
6	1.0	22.00	0.88	芯样连续、完整，坚硬，搅拌均匀，呈柱状	
7	1.0	23.00	0.86	芯样连续、完整，坚硬，搅拌均匀，呈柱状	
8	1.0	24.00	0.91	芯样连续、完整，坚硬，搅拌均匀，呈柱状	
9	1.0	25.00	0.91	芯样连续、完整，坚硬，搅拌均匀，呈柱状	
10	1.0	26.00	0.90	芯样连续、完整，坚硬，搅拌均匀，呈柱状	
11	1.0	27.00	0.92	芯样连续、完整，坚硬，搅拌均匀，呈柱状	
12	1.0	28.00	0.89	芯样连续、完整，坚硬，搅拌均匀，呈柱状	
13	1.0	29.00	0.89	芯样连续、完整，坚硬，搅拌均匀，呈柱状	
14	1.0	30.00	0.87	芯样连续、完整，坚硬，搅拌均匀，呈柱状	
15	1.0	31.00	0.90	芯样胶结一般，较坚硬，呈柱状。在30.90m处进入原状土。加固区长度为13.42m	
16	0.5	31.50	0.00	原状土	

续表

			强度试验		
芯样编号	取芯部位（m）	设计强度（MPa）	强度换算值（MPa）	该深度处芯样抗压强度代表值（MPa）	该桩抗压强度代表值（MPa）
1-1	19.0～19.2		1.32		
1-2	19.4～19.6		1.34	1.32	
1-3	19.8～20.0		1.30		
2-1	24.0～24.2		1.30		
2-2	24.4～24.6	1.2	1.32	1.30	1.27
2-3	24.8～25.0		1.28		
3-1	28.0～28.2		1.28		
3-2	28.4～28.6		1.22	1.27	
3-3	28.8～29.0		1.30		

随着深度增加，芯体抗压强度呈减小趋势。地层深度的增大使土层由④$_3$粉质黏土夹粉土转向⑤$_2$粉质黏土，⑤$_2$粉质黏土相较于④$_3$粉质黏土夹粉土具有少量的有机质和腐殖质，受有机质及腐殖质的影响，水泥结石体强度减小。此外，⑤$_2$粉质黏土具有更小的渗透系数，对浆液渗入和加固体强度具有一定的影响。

图 2.5-1 芯样实物图

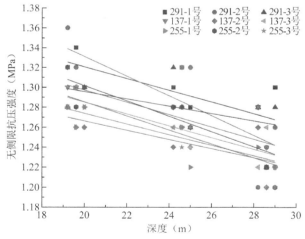

图 2.5-2 MJS 芯样强度

2.5.2 加固区盾构渣样分析

盾构掘进后，通过渣土排出情况分析 MJS 渣样粒径级配。如图 2.5-3 所示，工程桩切削时，小于 19mm 的 MJS 粒径占 MJS 全部渣样的 60%，相较于围护桩的控制粒径 37.7mm，工程桩切削产生了更为细小的 MJS 颗粒。控制粒径下的颗粒尺寸可以满足螺旋机排渣要求。

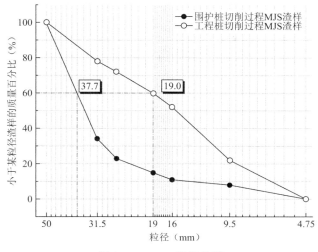

图 2.5-3　MJS 粒径分析

2.6　本章小结

（1）MJS 工法适用于软流塑地层地基加固处理，在后配套布置和回浆分离技术的配合下，形成了高效、环保的施工方法。

（2）低净空设备改造时，桅杆尺寸、钻杆尺寸和拖链装置的调节，既能满足设备正常使用，同时解除了净空限制。

（3）经多元回归分析处理，地表位移变化主要影响深度为 21.25m、19.75m、16.75m 和 13.75m，该区域的地内压力应重点控制。

（4）以地内压力值为核心，建立了各注浆参数随地内压力变化的回归方程，并基于试桩试验强度分析结果，提出施工参数拟定表。

（5）经取芯检验，加固区整体强度高于 1.2MPa，强度满足设计要求。

第3章

盾构磨桩刀盘选型及刀具布置技术研究

3.1 盾构机选型

3.1.1 盾构机类型

盾构机可分为开放式和密封式，开放式盾构机包括人工式、半机械式、机械式等；密封式盾构机包括气压平衡式、泥水平衡式、土压平衡式等。其中，开放式盾构机用于工作面不受土压、水压影响，自稳性较好的地段，或配合采用冻结法、土体加固等辅助工法，使工作面处于稳定状态。密封式盾构则通过调节气压、土压和泥浆等方式，主动平衡开挖面土水压力，使工作面达到稳定。目前，世界上的主流盾构机有土压平衡式盾构和泥水平衡式盾构两种方式，两者的比较见表3.1-1。

土压平衡式盾构和泥水平衡式盾构比较表　　　　表3.1-1

项目	土压平衡式盾构	泥水平衡式盾构
平衡原理简述	工作面与盾构机之间设有隔板，经刀盘切削的泥土中被加入高浓度的人造泥浆或泡沫等材料，经过搅拌棒的强力搅拌后，形成具有流动性、止水性、塑性"三性"的介质、充满切割仓及螺旋输送机内，盾构千斤顶推力使切割仓内形成土压力，用以平衡工作面的地下水土压力	工作面与盾构机之间设有隔板，工作面被加以大于孔隙水压力的泥浆压力，表面形成泥水黏膜及渗透膜，在刀盘配合下使工作面得以稳定
地质情况	适用范围广，适合地层渗透系数小于10^{-4}m/s	对地层要求严格，适合地层渗透系数大于10^{-4}m/s
优点	控制泥浆土压，可有效抵抗水压、土压，可保持工作面稳定，沉降较小；地质适应范围较广，适合混合地层；可根据围岩状态，切换成开放模式掘进，便于控制工作面；盾构施工速度快，平均日掘量可达15m多，有利于确保工程进度。有效地控制施工环境，施工噪声小；对地面施工占用地小；弃土较容易处理，费用较低	控制泥水压力，可保持工作面稳定，沉降较小；排土采用泥浆管输送，水压较高地段也不会出现喷涌现象；由于使用泥水，需要扭矩较小，刀具不易磨损；使用流体运输，弃土输送效率高，适合长距离输送
缺点	如果孔隙水压较高，富水性较大，则有可能产生喷涌，工作面压力难以保证	如果工作面渗透系数较高，则易造成泥浆渗漏，难以保证泥水压力；遇到黏土地段或大粒径，排泥口有可能堵塞，导致土仓切口水压变动使工作面不稳定；需要增加泥水处理设备，地面设施场地增大；弃土处理较困难，费用较高

1. 土压平衡式盾构

土压平衡式盾构属封闭式盾构（图3.1-1）。盾构推进时，其前端刀盘旋转掘削地层土体，切削下来的土体通过刀盘开口进入土仓。当土体充满土仓时，土仓压力与掘削面上的土压、水压基本平衡，使得掘削面与盾构面处于平衡状态（即稳定状态）。这类盾构靠螺旋输送机将渣土（即掘削弃土）排送至土箱，运至地表。由装在螺旋输送机排土口处的滑动闸门或旋转漏斗控制出土量，间接控制土仓压力，确保掘削面的稳定。

图 3.1-1　土压平衡盾构机参考图[22]

同时，通过渣土改良使得渣土具有所要求的止水性与流塑性，以便于土仓压力的控制以及排土。尤其是在富含水的砂卵石地层中掘进时，土仓压力的控制以及渣土改良效果尤为重要。利用被开挖的渣土作为支承的方式，可以更好地控制地表的沉降。开挖室里固体混合物的巨大惯性可以阻止渣土量异常变化引起的压力变化，这种惯性能起到稳定压力变化的效果。

土压平衡式盾构适用范围[22]：

（1）地层粒径角度，土压平衡式盾构主要适宜于粉土、粉质黏土、淤泥质粉质黏土和粉砂等黏稠土壤地层施工。当岩土中粉粒和黏粒总量达到 40% 以上时，宜选用土压平衡式盾构。特别地，当地层黏土含量低于 10% 时，考虑掌子面的稳定性，同样宜选用土压平衡式盾构施工。

（2）渗透特性角度，地层渗透系数小于 10^{-7} m/s 时，宜选用土压平衡盾构；渗透系数介于 $10^{-7} \sim 10^{-4}$ m/s 之间时，也可采用土压平衡盾构。

（3）地下水压角度，基于掌子面稳定和出渣安全性考虑，土压平衡盾构适用于低渗透性、低水压地层。一般而言，当地下水压小于 0.3MPa 时，宜采用土压平衡盾构。

2. 泥水平衡式盾构机

泥水平衡式盾构机是通过加压泥水或泥浆（通常为膨润土悬浮液）来稳定开挖面，在机械式盾构刀盘的后侧，设置有一个密封隔板，把水、黏土及其添加剂混合制成的泥水，经输送管道压入泥水仓。待泥水充满整个泥水仓，并具有一定压力，形成泥水压力室，开挖土料与泥浆混合由泥浆泵输送到洞外分离厂，经分离后泥浆重复使用。泥水平衡式盾构机是把土料（必要时添加泡沫等对土壤进行改良）作为稳定开挖面的介质，刀盘后隔板与开挖面之间形成泥土室，刀盘旋转开挖使泥土料增加，再由螺旋输料器旋转将土料运出，泥土室内土压可由刀盘旋转开挖速度和螺旋输料器出土量（旋转速度）进行调节。通过泥水的加压作用和压力保持机构，能够维持开挖工作面的稳定。盾构推进时，旋转刀盘切削下来的土砂经搅拌装置搅拌后形成高浓度泥水，用流体输送方式送到地面泥水分离系统，将渣土、水分离后重新送回泥水仓，这就是泥水加压平衡式盾构法的主要特征。因为是泥水压力使掘削面稳定平衡的，故得名泥水加压平衡盾构，简称泥水平衡式盾构（图3.1-2）。

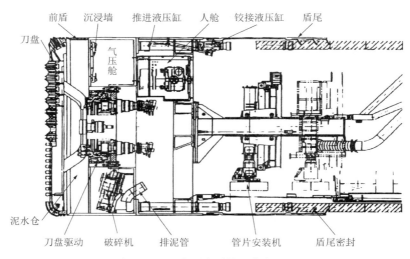

图 3.1-2 泥水平衡盾构机参考图[22]

泥水平衡盾构最初是在冲积黏土和洪积砂土交错出现的特殊地层中使用，由于泥水对开挖面的作用明显，因此软弱的淤泥质土层、松动的砂土层、砂砾层、卵石砂砾层、砂砾和坚硬土的互层等均有运用。泥水平衡盾构对地层的适用范围较广，但是在松动的卵石层和坚硬土层中采用泥水平衡式盾构施工，会产生溢水现象。因此，在泥水中应加入一些胶合剂来堵塞漏缝。在非常松散的卵石层中开挖时，也有可能失效。在坚硬的土层中开挖时，不仅土的微粒会使泥水质量降低，而且黏土还常会黏附在刀盘和槽口上，给开挖带来困难，因此，泥水平衡式盾构的地层适应性问题应予以注意。

泥水平衡盾构适用范围[22]：

（1）岩土中粉粒和黏粒总量在40%以下时，宜选用泥水平衡式盾构。

（2）渗透系数大于10^{-4}m/s 时，宜选用泥水平衡盾构；渗透系数介于$10^{-7}\sim10^{-4}$m/s 时，也可采用泥水平衡式盾构。

（3）地下水压大于0.3MPa时，宜采用泥水平衡式盾构。

3.1.2 相邻标段盾构机选型

1. 越西路站—镜湖站区间盾构机

越西路站—镜湖站区间采用盾构法施工，双线均由镜湖站西端头始发，越西路站东端头接收。线路出镜湖站沿洋江西路穿行从东向西敷设，越西路站接收。沿途侧穿的桥梁有洋江西路西延伸工程 1 号桥（下穿鸭沙滩）、侧穿洋江西路西延伸工程 2 号桥（下穿蛟河江）、侧穿洋江西路西延伸工程 3 号桥（下穿画龙延）；侧穿的建筑物有：洋江西路 2 号泵站管理用房，洋江安置小区，绍兴电力局梅山 110kV 变电站，如图 3.1-3 所示。

图 3.1-3　越西路站—镜湖站区间平面

根据实际的工程地质状况及相邻盾构区间施工经验，本区间采用两台三三工业 T6930 土压平衡式盾构机进行隧道施工，如图 3.1-4 所示，并配备必要的渣土改良系统，充分改良渣土特性，满足土压的平衡式盾构施工需要。该盾构机主要参数如表 3.1-2 所示。

图 3.1-4　盾构机 T6930 刀盘

盾构机主要参数表　　　　　　　　　　表 3.1-2

序号	项目	参数列表	单位	备注
1	使用项目			
	主要地质条件	软土地层		
2	整机性能概述			
	盾构机形式/型号	土压平衡/T6930		
	开挖直径	φ6930	mm	

续表

序号	项目	参数列表	单位	备注
	装机功率	1905	kW	
	整机总长	75	m	
	主机总长	9.216	m	
	总重（主机+后配套）	450	t	
3	**刀盘**			
	刀盘结构形式	辐条式		
	开口率（中心开口率）	50	%	
	泡沫口数量	6	个	
4	**刀具**			
	刮刀	84	把	刀高110mm
	贝壳刀	44	把	刀高140mm
	仿形刀	2	把	一把备用，行程100mm
	泡沫保护刀	6	把	
	焊接保径刀	16	把	
5	**主驱动**			
	驱动形式	电驱		
	驱动总功率	1200	kW	
6	**螺旋输送机**			
	螺旋轴形式	中心驱动/轴式		
	直径	850	mm	

2. 后墅路站—中兴大道站区间盾构机

后墅路站—中兴大道站盾构区间出后墅路站后沿洋江西路南侧敷设，过中兴大道后进入中兴大道站。沿线下穿洋江路1-2块地、洋江路1-3块地、大江沿及护岸等，侧穿金翔大厦、澄港桥及其防撞墩等关键节点，如图3.1-5所示。

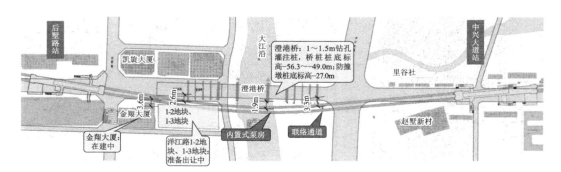

图3.1-5 后墅路站—中兴大道站区间平面图

盾构隧道穿越的地层主要为淤泥质粉质黏土和粉质黏土。线路竖曲线最大坡度26‰，平曲线最小曲线半径为1400m，区间隧道沿城市主干道敷设，对盾构机的性能要求高。根据地质资料与施工图纸，参考已有盾构工程实例及相关的盾构技术规范，按照适应性、可靠性、先进性、经济性相统一的原则进行盾构机的选型。盾构区间主要施工技术条件见表3.1-3。

盾构区间主要施工技术条件表　　　　　　表3.1-3

序号	项目	数值
1	后墅路站—中兴大道站区间长度	上行线：924.615m　下行线：921.268m
2	平面最小曲线半径	$R=1400$m
3	最大纵坡	26‰
4	左右线间距	后墅路站—中兴大道站区间11.4~14m
5	线路覆土埋深	后墅路站—中兴大道站区间9.6~18m
6	隧道（管片）内径	5900mm
7	管片外径	6700mm
8	管片宽度	1200mm
9	计划进度	300m/月
10	工程地质	③$_{1-2}$淤泥质粉质黏土、④$_2$粉质黏土

拟选用中铁装备641号和642号盾构机，如图3.1-6所示，开挖直径6910mm，适用管片直径为6700mm；配备软土刀盘，开口率为40%，主要适用地层为软土、砂层、小卵石地层。盾构机主要参数见表3.1-4。

图3.1-6　盾构机及刀盘示意图

盾构机主要参数表　　　　　　　　　　　　　　表 3.1-4

序号	项目		参数列表	单位	备注
1	**使用项目**				
		主要地质条件	淤泥质粉质黏土、粉土		
		项目管片规格（外径×内径—宽度×分度）	φ6700×5900—1200×22.5°		
2	**整机性能概述**				
		盾构机形式/型号	土压平衡/CTE6900E-770		
		开挖直径	φ6910	mm	
		装机功率	1511	kW	
		整机总长	95	m	
		主机总长	8.6（不含刀盘）	m	
		总重（主机+后配套）	550	t	
3	**刀盘**				
		刀盘结构形式	辐条式		
		开口率（中心开口率）	40	%	
		泡沫口数量	6	个	
4	**刀具**				
		中心刀	1	把	刀高 400mm
		切刀	78	把	刀高 100mm
		边刮刀	12	把	刀高 100mm
		先行刀	46	把	刀高 135mm/220mm
		保径刀	6	把	刀高 135mm/115mm
		超挖刀	1	把	刀高 95mm
5	**主驱动**				
		驱动形式	电驱		
		驱动总功率	770	kW	
6	**螺旋输送机**				
		螺旋轴形式	中心驱动/轴式		
		直径	900	mm	

3. 中兴大道站—袍中路站区间盾构机

中兴大道站—袍中路站盾构区间线路出中兴大道站后沿洋江西路北侧敷设，过直江后进入袍中路站接收，沿线下穿牛角荡及护岸、直江及护岸等，侧穿唯尔福纸业、洋江路 1 号桥、古越龙山、洋江路 2 号桥等关键节点，如图 3.1-7 所示。

盾构隧道穿越的地层主要为淤泥质粉质黏土和粉质黏土。线路竖曲线的最大坡度为 21.5‰，平曲线最小曲线半径为 1500m，区间隧道沿城市主干道敷设，对盾构机的性能要求高。本标段盾构区间主要施工技术条件见表 3.1-5。

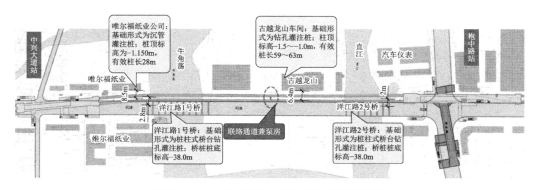

图 3.1-7 中兴大道站—袍中路站区间平面图

盾构区间主要施工技术条件表　　　　表 3.1-5

序号	项目	数值
1	中兴大道站—袍中路站区间长度	上行线：796.312m　下行线：797.567m
2	平面最小曲线半径	$R = 1500m$
3	最大纵坡	21.5‰
4	左右线间距	中兴大道站—袍中路站区间 13~16m
5	线路覆土埋深	中兴大道站—袍中路站区间 5~16.6m
6	隧道（管片）内径	5900mm
7	管片外径	6700mm
8	管片宽度	1200mm
9	计划进度	300m/月
10	工程地质	③$_{1-2}$淤泥质粉质黏土、④$_2$粉质黏土

拟选用中铁装备642号盾构机开挖直径6910mm，适用管片直径为6700mm；配备软土刀盘，开口率为40%，主要适用地层为软土、砂层、小卵石地层，详见表3.1-4。

4. 袍中路站—越王路站区间盾构机

袍中路站—越王路站区间长度为1197.279m。袍中路站—越王路站区间隧道覆土层为碎石填土、素填土、黏质粉土、淤泥质粉质黏土；隧道穿越层为淤泥质粉质黏土、淤泥质粉质黏土粉夹砂、粉砂。袍中路站—越王路站区间沿洋江路敷设，经过越东路与洋江路交叉路口沿洋江东路到达袍中路站，如图3.1-8所示。

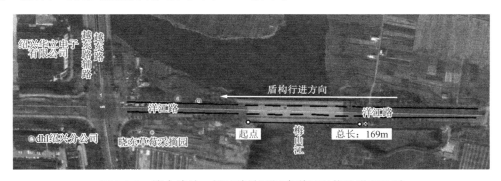

图 3.1-8 袍中路站—越王路站区间陶洋江现状地形卫星图

盾构机技术规格必须满足绍兴市轨道交通周边环境及地质条件要求；采用软土土压平衡式盾构，盾构机操作压力不小于4bar；盾构机最小掘进转弯半径应≤300m；适应最小竖曲线半径≤1000m；适用隧道纵向坡度应≥±40‰。拟定盾构区间投入软土式土压平衡式盾构，中铁装备CTE6900E-770，编号为581，与越王路站—袍江两湖站区间盾构机相同，盾构机参数详见表3.1-6。

5.越王路站—袍江两湖站区间盾构机

越王路站—袍江两湖站区间长度为736.472m，覆土埋深为9.7～17.3m。越王路站—袍江两湖站区间隧道覆土层为素填土、黏质粉土、淤泥质黏土；隧道穿越层为淤泥质黏土、淤泥质粉质黏土。本区间自越王路站大里程段始发，途经恂南村后下穿洋江泾至袍江两湖站。下穿洋江泾平面宽度达77m左右（图3.1-9）。

图3.1-9 越王路站—袍江两湖站区间现状地形示意图

本盾构区间与袍中路站—越王路站区间工程概况相似，且同为绍兴市城市轨道交通2号线一期工程土建施工SXGD2-TJSG-04标段，拟采用同一盾构机。投入软土式土压平衡式盾构，中铁装备CTE6900E-770，型号为582，性能参数见表3.1-6。

盾构机主要参数表 表3.1-6

序号	项目	参数列表	单位	备注
1	使用项目			
	主要地质条件	淤泥质黏土、淤泥质粉质黏土		
	项目管片规格（外径×内径—宽度×分度）	$\phi 6700 \times 6000 - 1200 \times 22.5°$		
2	整机性能概述			
	型号	CTE6900E-770		
	开挖直径	$\phi 6910$	mm	
	装机功率	1511	kW	
	整机总长	95	m	
	主机总长	约8.6（不含刀盘）	m	
	总重（主机+后配套）	约550	t	
3	刀盘			

续表

序号	项目	参数列表	单位	备注
	刀盘规格	φ6910	mm	
	开口率（中心开口率）	40	%	
	泡沫口数量	6	个	
4	**刀具**			
	中心刀	1	把	刀高 400mm
	切刀	78	把	刀高 100mm
	边刮刀	12	把	刀高 100mm
	先行刀	46	把	刀高 135mm/220mm
	保径刀	6	组	刀高 135mm/115mm
	超挖刀	1	把	刀高 85mm
5	**主驱动**			
	驱动形式	电驱		
	驱动总功率	770	kW	
6	**螺旋输送机**			
	螺旋轴形式	中心驱动/轴式		
	规格	φ900	mm	

6. 袍江两湖站—海南路站区间盾构机

袍江两湖站—海南路站盾构区间出袍江两湖站后沿洋江路北侧自西向东掘进，期间沿洋江路依次下穿湖则畈、侧穿洋江路 5 号桥，侧穿西豆姜村民房、下穿祠堂湾后沿洋江路北侧进入海南路站接收，如图 3.1-10 所示。

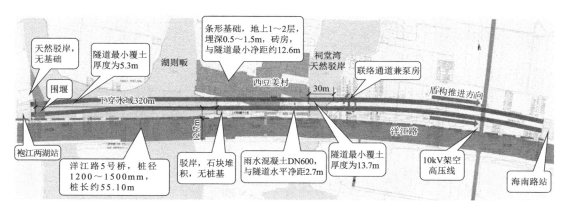

图 3.1-10　袍江两湖站—海南路站区间平面图

本标段盾构隧道穿越的地层主要为淤泥质粉质黏土层和淤泥质黏土层。线路竖曲线最大坡度 27‰，平曲线最小曲线半径为 700m，区间隧道沿城市主干道敷设，对盾构机的性能要求高。本标段盾构区间主要施工技术条件见表 3.1-7。

盾构区间主要施工技术条件表 表 3.1-7

序号	项目	数值
1	袍江两湖站—海南路站区间长度	上行线：880.542m　下行线：884.115m
2	海南路站—越兴路站区间长度	上行线：720.276m　下行线：720.281m
3	平面最小曲线半径	$R=700m$
4	最大纵坡	27‰
5	左右线间距	13～16m
6	线路覆土埋深	5.6～17.0m
7	隧道（管片）内径	5900mm
8	管片外径	6700mm
9	管片宽度	1200mm
10	计划进度	300m/月
11	工程地质	③$_{1-3}$淤泥质粉质黏土、③$_{1-2}$淤泥质黏土层

采用辽宁三三 T6930 复合式土压平衡盾构机，开挖直径 6930mm，适用管片直径为 6700mm；配备软土刀盘，开口率为 50%，主要适用地层为软土、砂层、小卵石地层。盾构机总长约 75m，盾体总质量约为 350t，车架质量约为 101.6t，总配置功率 1905kW；刀盘额定扭矩 6650kN·m，最大脱困扭矩 8320kN·m，刀盘转速 3.2r/min；最大推进力为 57600kN，最大掘进速度可达 80mm/min，最小平面转弯半径 $R=250m$，详见表 3.1-8。

盾构机主要参数表 表 3.1-8

序号	项目	参数列表	单位	备注
1	**使用项目**			
	主要地质条件	淤泥质粉质黏土、粉土		
	项目管片规格（外径×内径—宽度×分度）	$\phi 6700 \times 5900—1200 \times 22.5°$		
2	**整机性能概述**			
	盾构机类型/型号	复合式土压平衡/T6930		
	开挖直径	$\phi 6930$	mm	
	装机功率	1905	kW	
	整机总长	75	m	
	主机总长	9.216	m	
	总重（主机+后配套）	450	t	
3	**刀盘**			
	刀盘结构形式	辐条式		
	开口率（中心开口率）	50	%	
	泡沫口数量	7	个	

续表

序号	项目	参数列表	单位	备注
4	刀具			
	中心鱼尾刀	1	把	刀高450mm
	刮刀	84	把	刀高110mm
	贝壳刀	48	把	刀高140mm
	仿形刀	2	把	行程100mm
	泡沫保护刀	6	把	
	焊接保护刀	8	把	
5	主驱动			
	驱动形式	变频电机驱动		
	驱动总功率	1200	kW	
6	螺旋输送机			
	螺旋轴形式	中心驱动/轴式		
	直径	850	mm	

7. 海南路站—越兴路站区间盾构机

海南路站—越兴路站盾构区间线路出海南路站后沿洋江路北侧自西向东敷设，区间盾构是由越兴路站始发沿洋江路北侧自东向西逆向掘进，期间沿洋江路依次下穿永兴江、侧穿洋江路7号桥，下穿长水江、侧穿洋江路6号桥后进入海南路站接收，如图3.1-11所示。海南路站—越兴路站区间与袍江两湖站—海南路站区间都属于绍兴市城市轨道交通2号线一期工程土建施工SXGD2-TJSG-05标段，拟用同一盾构机。该区间盾构机具体参数可参照上述袍江两湖站—海南路站区间盾构机参数。

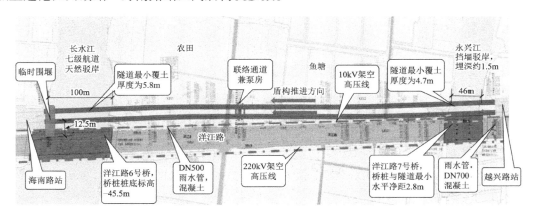

图3.1-11 海南路站—越兴路站区间平面图

3.1.3 磨桩盾构机选型重难点

1. 盾构选型的基本原则

盾构机选型时，应满足以下四个基本原则：

（1）符合招标文件对盾构机的要求。

（2）盾构机制造商成熟经验和成功施工的范例。

（3）根据本标段特有的线路设计、地质水文、工期、施工条件、管片类型等因素进行针对性设计，满足绍兴轨道交通2号线盾构区间施工要求。

（4）盾构机的设计能满足施工中多次拆卸、多次组装和满足多项隧道工程的实际特点。

2. 工程概况及重难点

镜湖站—后墅路站区间采用盾构法施工，后墅路站始发，镜湖站接收。线路由后墅路站始发后，沿洋江西路由东向西敷设，沿途依次侧穿梅山南桥（下穿梅山江）、下穿市行政中心三通道（MJS加固＋磨桩）、下穿信访局车行桥桥桩（桥梁拆复建）、侧穿九渡桥（下穿九流渡），最终掘进至镜湖站接收。

本区间起讫里程为：右线 SX22＋483.163～SK23＋429.334，长链 2.279m，长度948.450m；左线 XK22＋435.663～XK23＋429.334，长链5.158m，长度998.829m。区间线间距为11.5～17.0m，线路最小曲线半径$R=410$m。区间纵断采用V形坡，最大坡度26‰，最小坡度4.197‰，覆土厚度为8.7～21m，区间设置一个联络通道兼泵站，里程为SK22＋846.630（XK22＋848.061），联络通道采用冷冻法加固，矿山法施工，如图3.1-12所示。

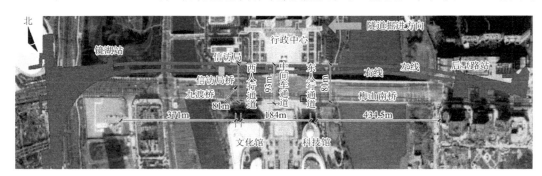

图3.1-12 隧道平面及周边建筑示意图

本区间与市行政中心门前三个地下过街通道（两个人行通道＋一个车行通道）的桩基发生冲突，盾构机掘进至三通道处需进行磨桩掘进，在磨桩前采用MJS工法对磨桩范围及通道底板进行土体加固，加固完成后对通道进行修复。

在上述地层及周边环境进行盾构施工时，重难点可概括为以下三点：

1）粉质黏土地层易结泥饼。

盾构区间隧道穿越地层主要为淤泥质粉质黏土③$_{1-2}$、粉质黏土夹粉土④$_3$、粉质黏土⑤$_2$等典型的软弱地层。在该土层中，盾构推进过程中阻力较大，黏塑性好，盾构机在掘进时，易结泥饼，造成刀盘开口率相对减小，推力加大而掘进速度及贯入度降低，掘进工效降低。拟定采取下列措施：

（1）盾构设备具备良好的渣土改良系统，刀盘正面7路＋背面1路改良剂注入口，改良能力强。

（2）采用中间支撑形式，刀盘背部设置主动搅拌棒（转动）、盾体隔板及主驱动隔板设置被动搅拌棒（固定），刀盘转动时与主驱动隔板形成相对运动，有利于渣土搅拌，减少结泥饼概率。

(3)泡沫系统8路单管单泵设计,注入和防堵能力强。

(4)刀盘中心大开口设计,中心开口率40%,同时设置倒流结构,渣土流动通畅。

2)淤泥质粉质黏土地层掘进沉降不易控制。

镜湖站—后墅路站区间盾构隧道掘进范围内以淤泥质黏土、粉质黏土、粉质黏土夹粉土为主,淤泥质黏土属于土层软塑、可塑状态,扰动后极易发生滑移,物理力学性能极差,不利于地表沉降控制,同时盾构隧道范围内土层总体上呈上软下硬状态,不利于盾构掘进。拟定采取下列措施:

(1)同步注浆系统在盾构机外壳的上、下半部各设有 2×6 个注浆口,同时可实现分路注浆,能满足及时均匀填充盾尾间隙的要求,防止地面沉降。

(2)配置二次双液补浆系统,通过管片预留注浆孔做好二次注浆,并通过对洞内管片移动情况的监测及时调整浆液的配比,防止管片下沉或左右偏移。

(3)设备配置7个(土仓6个,螺旋机1个)高精度土压传感器,同时具有平衡水土压力控制系统,控制地表沉降。

(4)设备具有精确的导向系统(精度2″)及数据采集分析系统,可以实时分析数据,协助工程人员做出判断。

3)区间三通道围护桩与工程桩侵入隧道,盾构需切削桩基。

区间左右线下穿东侧人行通道、车通道、西侧人行通道三通道,三通道围护桩与工程桩侵入隧道,盾构需切削桩基。桩基侵入隧道共47根,其中18根工程桩、29根围护桩,分别为左线25根(工程桩10根,围护桩15根);右线22根(工程桩8根,围护桩14根),围护桩只侵入隧道约4m,属于悬臂状态。拟定采取下列措施:

(1)刀盘采用六辐条复合刀盘,结构强度高。同时刀盘面板增设30把贝壳刀,与轴式齿刀同轨迹,二次切削钢筋,且延长刀具使用距离。

(2)配置低速推进系统,推进速度可精确至2mm/min,盾构机磨桩应以"切削"为基本理念,保证盾构机慢速、匀速掘进切削障碍桩基。

(3)采用3.6m直径的进口主轴承,可有效提高主驱动的吸震能力,保证了主驱动在高冲击地层的稳定性。主驱动功率 $8 \times 160kW$,标称扭矩可达 $8620kN \cdot m$,脱困扭矩可达 $9820kN \cdot m$,扭矩系数25.35,具有足够的扭矩储备。

(4)螺旋输送机采用轴式螺旋,螺旋机筒体内径920mm,最大通过粒径 $350mm \times 590mm$,具备正反转及伸缩功能(伸缩行程1000mm),有效防止螺旋机卡滞;多个可拆卸观察口,可及时处理磨桩过程中产生的大量钢筋及混凝土渣块。

(5)盾体设置12个超前注浆孔,预留超前钻机接口,具有一定的地质加固能力。

4)盾构机的选择

盾构机的选择是否合适,直接影响到工程的经济性、安全性以及可靠性。绍兴市地铁2号线相邻区间盾构机的选择对于本区间盾构机选型具有极大参考价值。相邻区间的盾构机主要参数横向对比如表3.1-9所示。结合表中盾构机各项参数,依据盾构机选型原则,针对本工程的实际概况及工程难点,对盾构机进行选择及适用性改造。

主要影响盾构机选型的因素有土质条件、地下水的含量、隧道长度和线形、管片设计形式、后续设备与盾构机的配套能力等。本标段盾构隧道穿越的地层主要为淤泥质粉质黏土和粉质黏土。线路竖曲线最大坡度26‰,平曲线最小曲线半径为410m,区间隧道沿城市主干道敷设,需要下穿河流、切削桩基,对盾构机的性能要求高。

盾构机主要参数对比 表 3.1-9

	越镜区间	后中、中袍区间	袍越、越袍区间	袍海、海越区间
盾构机类型/型号	土压平衡/T6930	土压平衡/CTE6900E-770	土压平衡/CTE6900E-770	土压平衡/T6930
主要地质条件	淤泥质黏土、淤泥质粉质黏土			
装机功率	1905kW	1511kW	1511kW	1905kW
刀盘结构形式	辐条式			辐条式
开口率	50%	40%	40%	50%
刀具	刮刀 84 把 刀高 110mm	中心刀 1 把 刀高 400mm	中心刀 1 把 刀高 400mm	中心鱼尾刀 1 把 刀高 450mm
	贝壳刀 44 把 刀高 140mm	切刀 78 把 刀高 100mm	切刀 78 把 刀高 100mm	刮刀 84 把 刀高 110mm
	仿形刀 2 把 行程 100mm 一把备用	边刮刀 12 把 刀高 100mm	边刮刀 12 把 刀高 100mm	贝壳刀 48 把 刀高 140mm
	泡沫保护刀 6 把	先行刀 46 把 刀高 135mm/220mm	先行刀 46 把 刀高 135mm/220mm	仿形刀 2 把 行程 100mm
	焊接保径刀 16 把	保径刀 6 把 刀高 135mm/115mm	保径刀 6 把 刀高 135mm/115mm	泡沫保护刀 6 把
		超挖刀 1 把 刀高 95mm	超挖刀 1 把 刀高 85mm	焊接保护刀 8 把
驱动形式	电驱	电驱	电驱	变频电机驱动
驱动总功率	1200kW	770kW	770kW	1200kW
螺旋输送机直径	850mm	900mm	900mm	850mm

根据本工程所提供的地质资料与施工图纸,参考已有盾构工程实例及相关的盾构技术规范,按照适应性、可靠性、先进性、经济性相统一的原则进行盾构机的选型。结合本标段工程地质、水文地质及线路设计特点,本工程拟投入 2 台铁建重工土压平衡式盾构,设备编号为 DG694(右线)、DL820(左线),见表 3.1-10。

盾构机主要参数表 表 3.1-10

序号	项目	参数列表	单位	备注
1	**使用项目**			
	主要地质条件	淤泥质黏土、淤泥质粉质黏土		
2	**整机性能概述**			
	盾构机形式/型号	土压平衡/ZTE6950		
	开挖直径	φ6980	mm	
	装机功率	2160	kW	
	整机总长	85	m	
	主机总长	8.2	m	
	总重(主机+后配套)	550	t	
3	**刀盘**			
	刀盘结构形式	辐条式		

续表

序号	项目	参数列表	单位	备注
	开口率（中心开口率）	35	%	
	泡沫口数量	8	个	
4	刀具			
	中心双联齿刀	6	把	齿刀可更换为滚刀
	正面齿刀	24	把	刀间距 80mm
	边缘单刃滚刀	12	把	
	切刀	32	把	刀高 115mm
	边刮刀	12	把	115mm
	焊接式撕裂刀	12	把	刀高 150mm
	保径刀	12	把	
	超挖刀	1	把	行程 50mm
5	主驱动			
	驱动形式	变频电机驱动		
	驱动总功率	1280	kW	
6	螺旋输送机			
	螺旋轴形式	后部中心驱动/轴式		
	直径	900	mm	

3.1.4 盾构机的改造

盾构法隧道工程中，盾构设备成本在总工程成本中占有一定比例，因此，提高盾构设备的使用率，对于降低工程成本有着重要的作用。这也就决定着盾构设备必将在地质条件存在差异的多个工程中进行施工。设备原始参数均只考虑其最初应用的工程，其再次应用到其他工程时，必须针对工程地质情况进行相应的适应性改造。因此，针对盾构适应性改造的研究对于提高盾构设备使用率、降低工程成本、保证施工顺利进行有着重要的意义。针对盾构穿越软流塑黏土地层，具有易结泥饼、地表沉降不易控制、需磨削桩基等工程难点，根据盾构机各类技术参数，对盾构机做出如下适用性改造。

1. 螺旋输送机选择与改造

螺旋输送机采用有轴式螺旋设计形式，下出渣闸板门安装于前盾的底部。在掘进时，刀盘开挖的渣土掉落到土仓底部，通过螺旋输送机输送到皮带输送机上。螺旋输送机通过油缸的伸缩使螺旋轴与筒体形成相对运动，以此来处理堵塞现象。在筒体上设有 6 个检修门，必要时可以打开检修门来清理被卡在螺旋叶片间的渣土，螺旋机底部还配置有由液压油缸控制的检修门，便于快速开关防止涌水涌泥。螺旋机筒体上布置有 8 个注入口，可通过这些孔注入膨润土或泡沫来改善渣土的流动性。螺旋输送机正常使用寿命大于 10000h。

（1）驱动方式

螺旋输送机驱动方式为后部中心驱动，螺旋输送机包含 1 个液压电机、1 个减速机、1 个轴承、1 个螺旋轴等。螺旋输送机可以在 0～19rpm 内无级调速，通过控制出土量维持土仓压力的平衡。驱动结构如图 3.1-13 所示。

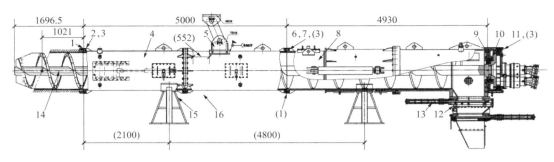

图 3.1-13 螺旋输送机示意图

（2）耐磨设计

在螺旋叶片及轴表面堆焊 5mm 厚耐磨层；前 3 节叶片周边焊接耐磨合金块，如图 3.1-14 所示。底部套筒、固定节、出渣门筒体堆焊 5mm 厚耐磨层。

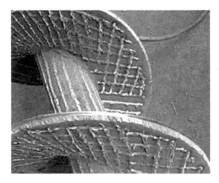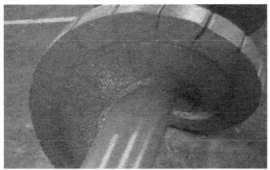

图 3.1-14 螺旋输送机耐磨示意图

螺旋叶片直径 900mm，节距 630mm，筒体内径 920mm。螺旋输送机能通过的渣土最大尺寸能达到 350mm×590mm，详见表 3.1-11。

螺旋输送机参数表　　　　　表 3.1-11

序号	项目	参数	单位
1	螺旋轴形式	轴式	
2	叶片直径	φ900	mm
3	最大通过粒径	φ350×590	mm
4	最大出渣能力	450	m³/h
5	驱动形式	尾部中心	
6	驱动组数量	1	组
7	驱动功率	315	kW
8	最大扭矩	178	N·m
9	转速范围	0~19	r/min
10	旋转方向	正/反	
11	闸门数量	2	道
12	渣土改良注入口	8	个

续表

序号	项目	参数	单位
13	压力传感器数量	2	个
14	保压泵接口数量	1	个
15	伸缩机构	1	个
16	伸缩长度	0.9	m
17	低速大扭矩电机	1	个
18	圆锥滚子轴承	2	个
19	密封	1	套

按最大速度80mm/min掘进一环所需时间为18.75min，即0.3125h，一环出土量为$Q_\pm$ = $\pi/4 \times D^2 \times 1.5 \times \xi$ = 68.88m³/0.3125h = 220.4m³/h（其中，ξ为松方系数取1.2），环出土量小于螺旋机出土能力450m³/h，满足作业要求。

2. 皮带称重系统

为了提高大块黏性渣土及稀渣的输送能力以及防止稀渣在斜坡段的飞溅，皮带机在以下两方面进行了针对性设计，见表3.1-12。改造后的皮带输送机参数见表3.1-13。

皮带输送机针对性设计表　　　　　　　　　　　　　表3.1-12

序号	针对性措施	效果
1	在螺旋输送机底部出渣且采用两道双闸门的前提下，创新了皮带机小倾斜角度（10.5°）设计	提高大块黏性渣土及稀渣的输送能力
2	斜坡段两侧设计挡板及橡胶护板	防止稀渣在斜坡段的飞溅

皮带输送机参数表　　　　　　　　　　　　　表3.1-13

序号	项目	参数	单位	备注
1	倾斜段角度	10.5	°	
2	驱动功率	55	kW	变频驱动
3	带速	0～3	m/s	
4	输送能力	550	m³/h	
5	带宽	800	mm	
6	带长	约125	m	
7	拉线开关	6	处	
8	跑偏检测装置	4	处	
9	刮渣板数量	4	道	
10	打滑检测装置	有		

经分析，皮带机能力为550m³/h＞螺旋机能力450m³/h，满足要求。

3. 低速掘进系统

推进系统包括32根推进油缸，分顶部（A组）、右部（B组）、底部（C组）和左部（D

组）四个组。在推进时，推进油缸伸出，撑靴作用到管片上提供盾构前进的反力。四组油缸的压力可以独立调节，推进速度由一个流量控制阀调节。通过调整每组油缸的推进压力和速度可实现盾构纠偏和调向。推进系统油缸的分组如图 3.1-15 所示，其中 4 个位置的油缸安装有位移传感器。施工人员在控制室内可以实时监控每组油缸的行程和压力。

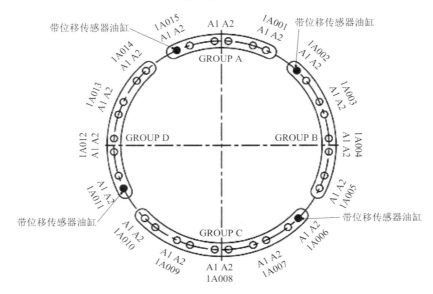

图 3.1-15　推进油缸分组控制示意图

推进油缸活塞杆前端与撑靴通过球轴承和碟形弹簧连接，撑靴可以在侧向力的作用下自由转动 4°。撑靴表面和油缸垫板能保证推力均匀、缓和地作用在管片上，防止管片损坏。

盾构机切削磨桩过程中应保持盾构机慢速、匀速掘进。掘进速度过快，容易造成盾构机刀盘卡住。速度变化大，对桩基扰动大，对结构稳定和地面沉降造成较大影响。所以盾构机磨桩应以"磨削"为基本理念。

针对盾构机磨桩需求，配置低速推进系统，如图 3.1-16 所示，通过精确控制推进泵流量，实现精确控制盾构机推进速度，推进速度可精确至 2mm/min，防止推进速度过大引起的刀具异常损坏，同时降扰动控沉降。

图 3.1-16　低速推进泵示意图

4. 其他系统改造

鉴于上述工程概述及风险描述，本工程对盾构设备应具有的性能有以下几个方面针对性改造：

（1）针对地层进行刀盘结构、刀具配置的选型；
（2）刀盘、刀具和螺旋输送机采用成熟的耐磨设计；
（3）刀盘的开口率及防止中心结泥饼的措施；
（4）提高主驱动的扭矩储备以及恒扭矩转速与本工程工况的匹配性；
（5）加强渣土改良系统；
（6）配置双液二次注浆系统，保证二次补浆的及时性、高质量；
（7）配备高稳定性、高精度的自动导向系统。

3.2 刀盘选型

3.2.1 刀盘选型原则

盾构机刀盘的结构主要有面板式、辐条式以及复合式[22]。盾构机刀盘盘体结构对地层的适应性主要表现为刀盘的形式、开口率、支承形式、驱动形式、刀盘最大转速、扭矩和扭矩系数及刀盘开挖、超挖直径等方面。因此，对于盾构机刀盘选型应遵循以下原则[1]：

（1）地层适用性。当盾构地层稳定性好、强度较高时，可以选择辐条式刀盘，通过加大开口率，使出土顺畅，减小对刀具的二次磨损；当地层稳定性差、强度较低时，可选择面板式或复合式刀盘，同时减小刀盘开口率，使刀盘起到辅助开挖面稳定的作用。

（2）盾构工法适用性。土压平衡式盾构一般采用辐条式刀盘，因为该工法盾构切削土体后土体直接进入土仓，没有压力损失，土压平衡易于控制。泥水平衡盾构法施工时，需要刀盘对开挖面起辅助稳定作用，因此，需要配备开口率较小的刀盘，通常采用面板式刀盘和辐板式刀盘。

（3）刀具配置适用性。刀盘的辐条和面板规格尺寸应满足布刀要求。当复合刀盘需要安装滚刀刀箱时，采用面板式或辐板式刀盘。当不需要安装刀箱时，只需安装切削型刀具时，一般选用辐条式刀盘就可以满足要求。如需开仓换刀，出于安全考虑，可采用面板式刀盘或辐板式刀盘。

除上述刀盘选型基本原则，针对盾构连续切削大直径钢筋混凝土桩基工程特性，在盾构机刀盘进行选型时，需要对刀盘提出以下要求：

（1）对掌子面的地层进行开挖，开挖后的渣土顺利通过刀盘开口进入密封仓。开挖功能通过布置刀盘上的各种刀具及刀盘开口实现。

（2）稳定功能支撑掌子面，具有稳定掌子面的功能，通过土压或泥水压及刀盘面板来实现。

（3）对密封仓内的渣土或泥水进行搅拌，以利于渣土的顺利排出，通过刀盘及搅拌器旋转带动泥土或泥浆形成塑流体。

（4）完成切削钢筋混凝土桩基，并顺利排出切削后的钢筋混凝土。

3.2.2 刀盘的确定

面板式刀盘适用于淤泥质黏土、粉砂、极细砂、中粗砂等软土地层。因开口形状及尺寸制约砂土流动，易形成泥饼。可配置滚刀，对不同地质条件适应性较好，中途带压换刀较为可靠。辐条式刀盘适用于淤泥、砂质粉土、细中砂、砾石、砂卵石地层，其开挖地层强度较面板式刀盘更高。开口率较高，不易堵塞。但中途换刀安全性较差。复合式刀盘适用于开挖全断面硬岩，在遇到软土地层时，应更换刀具配置变换为软土掘进模式。尽管其软土开挖效率低于辐条式，但可连续掘进硬岩和软土。

针对本区间粉质黏土软土、粉质黏土夹粉土、淤泥质黏土及区间存在盾构机切削桩基的地质情况，磨桩段盾构机采用复合刀盘全滚刀配置，软土段采用正面齿刀＋边缘滚刀的刀具配置，可满足本标段施工要求，如图 3.2-1、表 3.2-1 所示。

刀盘刀具配置　　　　　　　　　　　　　表 3.2-1

	左线刀具配置	右线刀具配置
结构形式	复合式	复合式
开挖直径	6980mm	6980mm
开口率	35%	35%
支承形式		中间支承
驱动形式	变频电驱动	变频电驱动
转速	0～3r/min	0～3r/min
额定扭矩	8540kN·m	8620kN·m

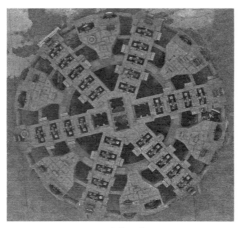
(a) 左线刀盘

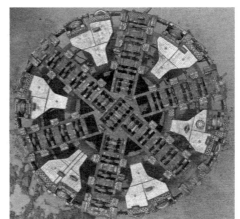
(b) 右线刀盘

图 3.2-1　盾构机刀盘

由于盾构需在软流塑地层中进行切削混凝土桩基，对盾构机刀盘做出如下改造：

（1）在保证刀盘结构强度的前提下加大开口率，以提高渣土的通过粒径和通过率，用以提高掘进效率，降低滞磨率。刀盘开口率为 35%，可以有效地使切断钢筋、桩体混凝土碎渣、开挖面渣土所组成的混合渣土顺畅进入土仓的通道。同时，土仓空间较大，中心障碍物少，表面平滑，可有效增加添加剂与渣土的混合效率，改善渣土的和易性，如图 3.2-2 所示。

（2）中心开口率大，用以提高中心低速渣土的流动性，从而降低泥饼形成的危险。

（3）采用 Z 形连续肋板的设计，在对粒径进行筛选的同时，提高整体扭矩传递的均匀性和流经肋板处渣土的流动性。

（4）开口处的纵深方向采用梯形设计即"严进宽出"的结构，有利于渣土的纵向流动，提高渣土的流动效率，继而降低滞磨率。

（5）刀盘整体进行焊接后退火，保证刀盘的结构强度。

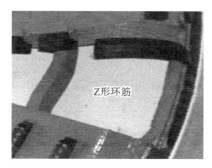

图 3.2-2　刀盘结构图

（6）切刀、边刮刀都采用合金设计，大大提高了刀具的耐磨性能以及耐冲击性能，刀座背部采用了耐磨焊层保护刀座，各面板处也布置了相应的导流刀具用于保护刀座，见图 3.2-3。

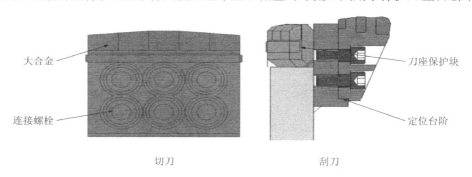

图 3.2-3　刀具结构图

3.3　磨桩主力刀具的选择

目前，国内外对于盾构磨桩并没有针对性地研发专用刀具，参考已有盾构磨桩工程案例，采用的都是在现有的刀具类型中选择，然后加以适用性改造。一般来说，选择撕裂刀和滚刀并配以先行刀的方式布置。滚刀适用于复合地层，通常被用来破岩，故其容易破碎混凝土，但难以直接切断钢筋。在软土地层中，滚刀可能会因达不到启动扭矩而发生弦磨。根据盾构机刀盘选型及理论设计研究，发现撕裂刀兼具良好的刚度和硬度，在一定参数控制下，可以充分切削钢筋混凝土桩基，并能对钢筋造成有效切削。因此，选用滚刀和撕裂刀作为磨桩刀具，并辅以一定的适用性改造，可完成软流塑地层对大直径钢筋混凝土桩基连续切削的任务。下面，对滚刀、切刀及其布置作详细说明。

3.3.1 滚刀

1. 滚刀的种类

滚刀可用于各类软、硬岩石隧道的掘进。当穿越大粒径,含漂石的砂卵石地层时,也可以采用滚刀[30]。按安装位置,滚刀分为中心滚刀、正滚刀和仿形滚刀;按安装形式,滚刀分为轴式滚刀和端盖式滚刀;按刀刃材质,滚刀分为全钢滚刀、镶硬质合金滚刀;按结构形式,滚刀又分为单刃滚刀、双刃滚刀和三刃滚刀。单刃滚刀可用于岩石地层、软硬不均地层等的岩石破碎;双刃滚刀常用于刀盘中心及刀盘空间狭小的情况;三刃滚刀可用于刀盘中心及仿形刀等,如图 3.3-1 所示。

(a) 单刃滚刀　　　(b) 双刃滚刀　　　(c) 三刃滚刀

图 3.3-1　不同类型滚刀示意图

2. 滚刀的切削机理

工作时滚刀在盾构机推力的作用下,布置在刀盘上的盘形滚刀紧压混凝土桩基。随着刀盘的旋转,滚刀绕刀盘中心轴旋转同时绕自身轴线自转,混凝土桩基被碾出一系列同心圆。利用滚刀的楔块作用,当超过混凝土桩基受力极限时,两个同心圆之间的混凝土桩基中间裂缝贯通,混凝土块剥落,从而完成滚刀切削混凝土桩基的作用,如图 3.3-2 所示。

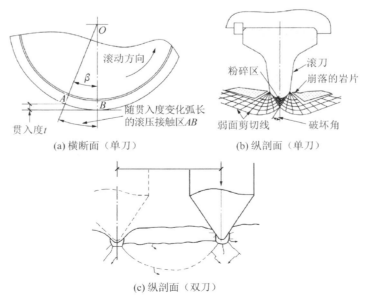

图 3.3-2　滚刀切削机理示意图

3.3.2 切刀

1. 切刀的种类

盾构机用切削刀包括刮刀（切刀）、中心刀、先行刀和仿形刀。

（1）刮刀。是切削软质岩石和土层，或刮削渣土的刀具。根据安装位置的不同，刮刀可以分为正刮刀和边缘刮刀。

（2）中心刀。安装在盾构机刀盘中心位置，具有定位与切削功能。中心刀可分为鱼尾刀和羊角刀。其中，鱼尾刀又可分为整体式和组合式。

（3）先行刀。先于切刀接触地层，犁削软质岩石和土层。先行刀在切削刀切削土体之前先行切削土体，将土体切割分块，为切削刀创造良好的切削条件。采用先行刀，一般可显著增加切削土体的流动性，大大降低切削刀的扭矩，提高刀具切削效率，减少切削刀的磨耗。先行刀分为可更换和不可更换两种类型。

（4）仿形刀。安装在盾构机刀盘边缘位置，沿径向扩挖隧道。仿形刀用于曲线段推进转弯或纠偏。

2. 切刀的切削机理

切刀主要用于岩土的开挖面，在刀盘推力下，产生沿刀盘轴向的切削力，随刀盘转动时产生沿刀盘切向的切削力，切刀在岩土上形成犁沟。在切削的岩土硬度不大的情况下，岩土会在切刀的作用下变成渣土脱落。如果岩土硬度较大时，切刀在岩土上形成裂纹。在重复的切削下裂纹贯通，最终会像岩石切削一样脱落。

3.3.3 刀具的确定

刀盘上配备了滚刀、齿刀两种刀具可更换的刀箱，可根据地质条件、风险源情况更换刀具。盾构下穿三通道期间（以右线为例）需依次磨桩，通过东人行通道（2根工程桩）、中间车行通道（4根工程桩、14根围护桩）、西人行通道（2根工程桩），合计22根桩基。桩基直径800~1000mm，混凝土强度等级C30，主筋直径25mm，盾构磨桩对刀具的布置和配置提出了更高的要求，除了刀具本身的高耐磨和抗冲击设计，还应考虑刀体和刀座本身的保护，以及盾构区间其余地层掘进的适应性。

刀盘上配置有滚刀、切刀、边缘刮刀、贝壳刀等刀具。每种刀具都进行了针对性的加强设计以延长其使用寿命。

正面滚刀采用19寸轴式滚刀，大刀圈、承载能力高、耐磨性能好；同时，滚刀为背装式，可灵活与齿刀替换。

贝壳刀采用大合金设计，刀具宽度大于200mm，合金长度大于50mm，具有良好的耐磨性能和抗冲击性，满足切削混凝土桩基及钢筋的能力。

切刀、边刮刀都采用合金设计，大大提高了刀具的耐磨和耐冲击性能。

盾构刀盘配置滚刀始发，其在软土地层可能面临启动扭矩不足的情况而导致滚刀偏磨，故建议采用具有较小启动扭矩的定制滚刀；同时，采用镶嵌合金齿式的刀圈，减小偏磨发生的概率。

3.4 刀具的布置技术

从几何学角度，刀具在刀盘上的布置方法主要有阿基米德螺旋线布置法和同心圆布置法。为保证全断面开挖，目前主要采用阿基米德螺旋线布置法，刀具分散对称布置在与螺旋线相交的辐条两侧，满足盾构机正反两个方向的回转要求，从而达到布局、结构和负载的最优设计。

同心圆布置法，顾名思义就是刀具布置在某几个相同半径的圆周上。这种布置方式与阿基米德螺旋线布置法相比，要简单很多。同心圆布置可以通过同一切削轨迹上的几把刀具共同对所在切削轨迹的岩土体进行切削破除，有利于降低刀具的磨损[31]。

盾构刀盘全断面切削岩土时，采用阿基米德螺旋线布置法能更好地控制刀盘不平衡力和倾覆力矩[32]。但由于刀盘切削桩基时，桩基竖向截面小于盾构横截面，以及桩间距的存在，刀盘并非全断面切削桩基，磨桩刀具数量随着刀盘旋转时刻变化，采用阿基米德螺旋线布置法较为困难。此外，已有磨桩案例采用同心圆布置法，故本工程也将用同心圆法布置刀具。通常情况下，切刀一般都布置在开口槽的一侧。为了尽可能地发挥切刀的作用，在每个切削轨迹上应至少布置两把切刀，并且随着轨迹半径增大，切刀工作量加大，刀具磨损也较为严重，对盾构切口环尺寸影响较大，故考虑在刀盘边缘布置较多的切刀、刮刀。考虑到刀盘需要正反旋转以及刀盘的受力均匀性，切刀也应在正反方向布置且应具有对称性。对于盘形滚刀布置的原则，是每把盘形滚刀在破岩时所受的负荷相等，而且在滚刀上产生的切向力，其合力通过刀盘中心产生的倾覆力矩为零[33]。

3.4.1 刀具间距的选择

刀间距是指相邻刀刃刃口相对于刀盘中心位置的距离之差，也是掘进时相邻刃口形成轨迹的间距。目前，对于盾构磨桩的滚刀最优刀间距未有明确定义。对于滚刀来说，最优刀间距的选取服从两个条件：

（1）保证滚刀间的混凝土破碎区域内混凝土能够完全破碎；

（2）单位体积的混凝土完全破碎时所需要的能量最低，即比能耗最小。兼具这两个条件的刀间距即为最优刀间距[34]。

基于滚刀破岩最优刀间距，考虑在盾构磨桩时，首先通过边缘滚刀对混凝土进行破碎，因此，对于滚刀的刀间距合理布置要求是：

（1）保证滚刀间的混凝土破碎区域内能够完全破碎；

（2）每把滚刀在破碎混凝土时所受的负荷相等，使每把滚刀破碎混凝土的能量相等，刀刃两侧的侧向反力能互相抵消；

（3）作用在刀盘体上的各点外力平衡，其合力通过刀盘中心，确保不产生倾覆力矩。

根据上述要求，对滚刀的布置具体信息如表3.4-1所示。

滚刀布置主要参数　　　　　　　　　　表3.4-1

	滚刀布置
数量	12把
轨迹半径	3064～3490mm（3490mm处布置有两把滚刀）

续表

	滚刀布置
刀间距	13~69mm 随轨迹半径增大,刀间距逐渐减小

撕裂刀不仅需要对软土进行切削,还需要考虑撕裂刀对于钢筋的切削作用。需调整撕裂刀刀间距,把钢筋切削成合适的钢筋,并通过螺旋输送机将其顺利排出。综合考虑将撕裂刀刀间距设置为 80mm,如图 3.4-1 所示。对于切刀的布置,具体信息如表 3.4-2 所示。

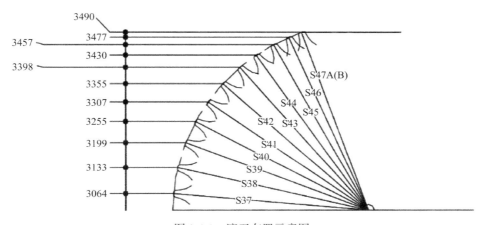

图 3.4-1　滚刀布置示意图

切刀布置主要参数　　　　表 3.4-2

撕裂刀类型	右线刀盘撕裂刀布置			左线刀盘撕裂刀布置		
	中心双联	单刃可换	单刃焊接	中心双联	单刃可换	单刃焊接
轨迹半径(mm)	70~1058	1145~2985	2585~3490	68.5~779	875~3000	2844~3355
刀间距(mm)	70~92	80	27~80	101.5	78	48~78

3.4.2　刀具高差的选择

盾构刀具布置的高度是指刀具高出刀盘面的距离,它关系着盾构机掘进的效率,又关系着刀具的失效。在黏度较大、硬度较低的软质土层,过小的刀具高度在开挖中会出现糊刀或泥饼的现象;而过大的刀具高度则会加大相应的力矩,有断刀的危险。

所切削大直径钢筋混凝土桩基内钢筋直径最大可达ϕ25mm。为确保对上部结构造成最小扰动以及对刀具造成最小磨损,考虑通过调整刀高,对钢筋进行多次切削后彻底切断钢筋。边缘滚刀最先接触到钢筋混凝土桩基,滚刀负责将外侧混凝土破碎。将撕裂刀轨迹间距增大,并增加刀高,形成超前撕裂刀,可防止桩侧混凝土保护层剥离脱落。当超前撕裂刀将钢筋切削成多段后,再由刀高较低的撕裂刀对钢筋进行二次切削,即使不能完全切断钢筋,但也能在钢筋筋体上形成等间距的切槽,在后期钢筋也更容易被弯曲变形或者被折断,从而可以通过螺旋输送机排出。刀具刀高信息如表 3.4-3 所示。

刀具刀高　　　　　　　　　　表 3.4-3

刀具	右线刀盘切刀布置					左线刀盘切刀布置				
	边缘滚刀	切刀	撕裂刀			边缘滚刀	切刀	撕裂刀		
			中心双联	单刃可换	单刃焊接			中心双联	单刃可换	单刃焊接
轨迹半径（mm）	3064~3490	1200~2880	70~1058	1145~2985	2585~3490	3072~3490	1320~3485	68.5~779	875~3000	2844~3355
刀高（mm）	160	115	160	160	140	160	130	175	175	150

3.4.3 刀具布置的确定

通过对刀盘刀具的选型及适用性改造，确定采用复合式刀盘，刀盘开口率35%，刀盘正面焊接复合耐磨板，周边镶嵌合金耐磨块。为实现刀具对钢筋及混凝土的有效破坏，磨桩刀具以撕裂刀为主，利用撕裂刀冲剪破混凝土破筋机理，破坏桩体混凝土并使钢筋产生剪切撕裂，切刀与滚刀作为切削大直径钢筋混凝土桩基的刀具。

撕裂刀的布置模式采用"三区刀"和"三层刀"原则。"三区刀"以"中心区排渣、主磨区磨桩、主损区保径"为布刀要点；"三层刀"以"一主、一辅、一刮"为核心，装配主撕裂刀（刀高160mm），辅撕裂刀（刀高140mm）和刮刀（115mm），对桩基钢筋和混凝土产生有效损伤。刀具布置按以下方法进行：

1."三区刀"布置方法

"三区"分为"中心区""主磨区"和"主损区"。"三区刀"提出了撕裂刀的分区标准，以及对应的刀间距L_1、L_2、L_3设置，见图 3.4-2。

（1）"中心区"刀具为中心双联撕裂刀，刀尖配置 7 块合金。为实现软流塑地层磨桩，取消了鱼尾中心刀设计，选择与主撕裂刀刀高一致的中心双联撕裂刀，使磨桩时桩体受力均匀，减小应力集中和桩体大变形情况。"中心区"增加泡沫和水喷射口，起到排出混凝土渣块和黏土的作用，防止中心结泥饼。

此外，由于轨迹半径小，"中心区"刀具磨损程度较低，设置刀间距相对较高且整体刚度大的中心双联撕裂刀，有利于降低刀具布置成本。"中心区"轨迹半径$R \leqslant 1058$mm，刀间距设置为$L_1 = 90$mm。

（2）"主磨区"刀具为正面撕裂刀，刀尖配置 9 块合金，起到主要磨桩作用。正面撕裂刀的刚度和切混凝土切筋能力优于中心双联撕裂刀，且"主磨区"配置滚刀易引起桩体位移，不利于桩体直接截断，故选用正面撕裂刀作为"主磨区"刀具。

"主磨区"刀间距低于"中心区"，提高刀具布置密度有利于增大桩体损伤。"主磨区"轨迹半径 1058mm $< R \leqslant 2985$mm，刀间距设置$L_2 = 80$mm。

（3）"主损区"刀具为单刃镶齿滚刀和焊接式撕裂刀，滚刀刀刃镶嵌合金 42 颗，焊接式撕裂刀合金 7 块，焊接式撕裂刀与镶齿滚刀同轨迹线。由于"主损区"轨迹半径较大，刀具易于破损，为实现磨桩保径目的，"主损区"装配有刀具刚度大于撕裂刀的滚刀，并镶嵌合金齿提高滚刀切混凝土切筋能力，同时在与滚刀相同轨迹线上布设焊接式撕裂刀，提高"主损区"安全储备，防止因滚刀弦磨而丧失切混凝土切筋及开挖保径能力。

"主损区"刀间距低于"主磨区",增大刀具密度以提高磨桩保径能力,降低刀具切混凝土切筋损伤。"主损区"轨迹半径 $2985\text{mm} < R \leqslant 3490\text{mm}$,刀间距设置 $27\text{mm} \leqslant L_3 \leqslant 79\text{mm}$。

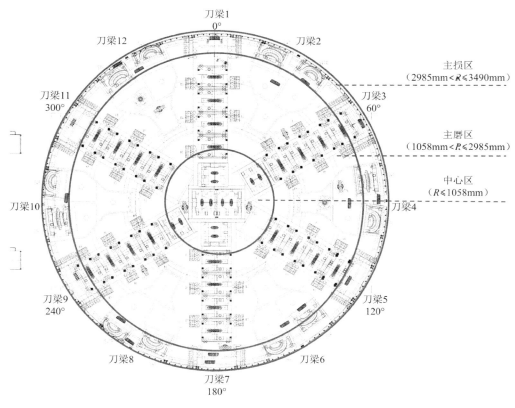

图 3.4-2 三区刀布置

2. "三层刀"布置方法

"三层"为"主撕裂刀层""辅撕裂刀层"和"刮刀层","三层刀"提出了刀具的刀高差设置方案。"三层刀"方案认为,桩体钢筋是影响刀具磨损及盾构掘进的最主要原因,因此,主撕裂刀层作为最先接触桩体的刀具,刀高一致,实现均匀破碎混凝土、均匀切筋,降低单把刀具损伤量,有利于盾构连续磨桩作业(图 3.4-3)。

辅撕裂刀层为盾构磨桩提供了安全储备,主要布设于主损区,边缘镶齿滚刀具有较高的刚度和切混凝土切筋能力,但在软流塑地层中易产生滚刀弦磨,丧失磨桩能力,因此设置了辅撕裂刀层。辅撕裂刀磨桩时,需考虑与刮刀刀高差应不小于钢筋直径(25mm),防止刮刀受力后崩坏。

磨桩时,刮刀层负责刮除混凝土脊及未断裂钢筋,桩基钢筋保护层厚度 75mm,需设置主撕裂刀与刮刀的刀高差满足主撕裂刀切筋前刮刀刮除钢筋保护层,降低切筋难度。

(1)"主撕裂刀层"刀具包括正面撕裂刀和中心双联撕裂刀,设置刀高 160mm,最先接触掌子面土体和桩体,与刮刀间距 45mm,使切筋前预先破除钢筋保护层。

(2)"辅撕裂刀层"刀具为焊接式撕裂刀,刀高 140mm,与刮刀间距为 25mm,为盾构磨桩提供安全储备。

（3）"刮刀层"中，刮刀刀高115mm，起刮削土体和钢筋混凝土的功能。

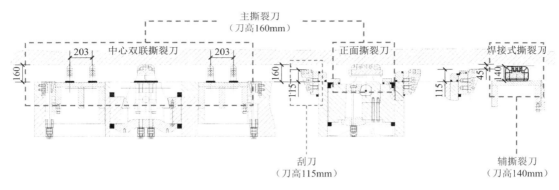

图 3.4-3　三层刀布置

除撕裂刀外，刀盘上另配置了12把单刃镶齿滚刀，提高刀具扩孔保径目的，滚刀镶齿以提高对钢筋的损伤，由于滚刀的切削机理为滚压破坏，易于破坏混凝土而不易于钢筋断裂，故滚刀同轨迹线上布置有12把焊接式撕裂刀，刀高低于滚刀，在滚刀保护下用于切削桩体钢筋。

结合"三区刀"和"三层刀"原则，最终确定刀具布置如表3.4-4、表3.4-5所示，刀盘刀具配置如图3.4-4、图3.4-5所示。

右线刀具配置　　　　　　　　　　　　　　　表3.4-4

刀具类型		数量（把）	刀高（mm）	轨迹半径（mm）	刀间距（mm）
撕裂刀	中心双联	12	160	70～1058	70～92
	单刃可换	24	160	1145～2985	80
	单刃焊接	18	140	2585～3490	27～80
边缘滚刀		12	160	3064～3490	13～69
边缘刮刀		24	115	3020～3485	—
切刀		32	115	1200～2880	170～220

左线刀具配置　　　　　　　　　　　　　　　表3.4-5

刀具类型		数量（把）	刀高（mm）	轨迹半径（mm）	刀间距（mm）
撕裂刀	中心双联	8	175	68.5～779	101.5
	单刃可换	28	175	875～3000	78
	单刃焊接	18	150	2844～3355	48～78
	贝壳刀	12	150	1908～2766	78
边缘滚刀		12	160	3072～3490	17～69
边缘刮刀		12	130	3000～3485	—
切刀		30	130	1320～3485	220

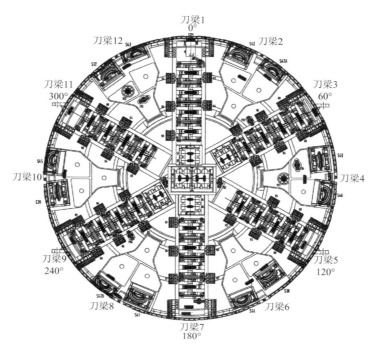

图 3.4-4 右线刀盘刀具布置示意图

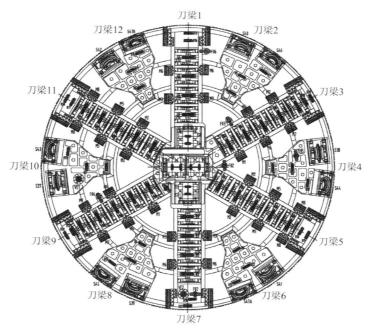

图 3.4-5 左线刀盘刀具布置示意图

3.5 本章小结

本章针对切削大直径钢筋混凝土桩基工程特性,从盾构机的选型及改造、刀盘选型、刀具选择及布置技术开展研究。对于刀盘选型，在考虑实际地层情况的前提下，仍需对刀盘进行适用性改造，以满足磨桩要求。刀具选择中，磨桩的刀具主要采用滚刀和撕裂刀。滚刀负责将外侧混凝土破碎，后由撕裂刀对钢筋进行多次切削，在完成磨桩的同时确保对上部结构造成最小扰动以及对刀具造成最小磨损。通过调整刀高差与刀间距，防止滚刀破碎混凝土时桩侧混凝土保护层剥离脱落，使撕裂刀将钢筋切削成为合适长度，便于螺旋输送机排出。具体结论如下：

（1）盾构机选择土压平衡盾构机，针对磨桩的特点对螺旋输送机进行耐磨改造，增配低速推进系统，增加皮带称重系统。

（2）刀盘选择复合式刀盘，开口率为35%，变频电驱，开挖直径6980mm，额定扭矩8540kN·m，转速0～3r/min，同时对刀盘进行适用性改造。

（3）刀盘上配置有滚刀、切刀、边缘刮刀、贝壳刀等刀具。以滚刀和撕裂刀作为磨桩刀具，充分利用滚刀的滚压破碎混凝土机理控制开挖直径，利用撕裂刀的冲剪切削混凝土、切筋机理实现钢筋混凝土桩体的有效切削，综合提高盾构磨桩能力。

（4）基于"三区刀"和"三层刀"布设原则，撕裂刀对桩体混凝土和钢筋的切削效果较好，可形成易于排出螺旋机的短截钢筋。

（5）采用"中心区排渣、主磨区磨桩、主损区保径"的"三区刀"布置方法，可以控制刀具的磨与损，平衡刀具的布置成本与磨桩效率。

（6）采用"一主、一辅、一刮"的"三层刀"布置方法，右线主刀高160mm，辅刀高140mm，刮刀115mm，能提高盾构磨桩能力和安全储备。

第4章

盾构切削大直径钢筋混凝土群桩技术研究

4.1 盾构磨桩施工辅助措施

4.1.1 同步注浆（惰性浆）

为控制地层变形，稳定管片结构，控制盾构掘进方向，并有利于加强管片隧道结构的防水能力，管片背后环向间隙采用同步注浆。施工时采用以惰性浆液为主的同步注浆材料，能够保证隧道长距离施工工况下浆液的质量及和易性，有效提高隧道整体质量而且使得浆液在注入土层后的分散性大大降低，起到有效控制地面沉降、保持隧道稳定的效果。同步注浆管路设计示意见图 4.1-1。

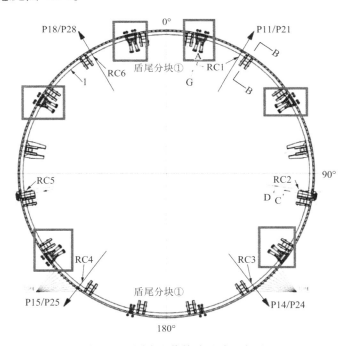

图 4.1-1 同步注浆管路设计示意图

同步注浆应达到的效果包括：及时充填空隙，有效控制地层变形；与管片和周边土体形成协同作用体，有效减少管片拼接后的位移；浆液初凝固结后，可提高隧道的抗渗防水效果；提高管片衬砌的物理力学性质和抗腐蚀性；早期强度可对管片上浮产生约束等。

1. 同步注浆配比及性质

根据软流塑地层特性,同步注浆拟采用同步注浆材料配比和性能指标表所示的配合比,见表4.1-1。

浆液配合比 表4.1-1

消石灰	粉煤灰	膨润土	外加剂	砂	水
110	420	80	4	850	240

胶凝时间为8~12h,根据地层条件和掘进速度,通过现场试验加入促凝剂及变更配比来调整胶凝时间。对于强透水地层和需要注浆提供较高的早期强度的地段,可通过现场试验进一步调整配比和加入水泥,从而缩短胶凝时间。性能指标要求渗透性 $< 5 \times 10^{-5}$cm/s,密度 > 1.80g/cm^3,坍落度12~16cm,坍落度经时变化 > 5cm(20h),抗压强度:28d强度 > 0.3MPa。

2. 同步注浆施工参数

同步注浆施工参数见表4.1-2。

同步注浆施工参数 表4.1-2

序号	参数	设定值	备注
1	注浆压力	0.2~0.3MPa	注浆压力是根据地层的土压力、水压力及地面监测情况综合判断而设定的。注浆压力过大会出现:地面隆起、浆液破坏洞尾密封刷出盾尾漏浆、浆液从盾构机外壳与土体之间的孔隙流入土仓、管片出现受压变形或是被损坏;如果注浆压力过小,则出现注浆的填充速度很慢,注浆量不足,使地表变形增大。根据设计资料及以往的施工经验,暂定注浆压力设定在0.2~0.3MPa
2	注浆量	3.5~4.4m^3/环	注浆量除了受到浆液向土体中渗透及泄漏影响外,还要考虑超挖、曲线施工、注浆材料种类等的影响,实际上是没有一个明确的规定值,通常按下列公式进行计算。 注浆量的计算公式:$Q = V \times a$ 同步注浆量根据盾构施工背衬注浆量经验计算公式:$Q = V \cdot \lambda$ 其中:a——渗漏系数,通常取1.3~1.5; 　　　λ——注浆率(一般取120%~150%); 　　　V——盾构施工引起的空隙(m^3),$V = \pi(D^2 - d^2)L/4$; 　　　L——回填注浆段长即预制管片每环长度(预制管片每环长1.2m)。 注浆量将实际数据代入得:$Q = 3.14 \times (6.98^2 - 6.7^2) \times 1.2/4 \times (1.3~1.5) = 4.6~5.4$m^3/环 在同步注浆不足的情况下,掘进结束后需进行二次注浆,注浆量由现场试验确定(以压力控制为主,依照管片的抗剪切强度和隧道工况、安全度推断,原则上瞬时不超过1.0MPa)
3	注浆速度	与掘进速度相匹配	实际施工中注浆量是靠注入速度来控制的,故对注入速度进行计算,根据每环注入量和每环行程推进时间得到注入速度,计算式如下: $$v = Q/t$$ 式中:v——注入速度(m/s);Q——每环注入量(m^3);t——每环行程推进时间(s)。 注浆速度与掘进速度相匹配以此估算,同步注浆的注浆速度为30~200L/min
4	注浆结束标准		采用注浆压力和注浆量双指标控制标准,即当注浆压力达到设定值和注浆量达到设计值的80%以上时,即可认为达到了质量要求。实际参数还需通过对地表及周围建筑物监控量测结果分析判断,进行参数优化,使注浆效果达到更佳

4.1.2 二次注浆

二次注浆即为对同步注浆效果不良的管片进行注浆补强，补充地层间隙，或是对富水地层等特殊位置进行防水止水作业时使用的施工措施。二次注浆通过管片中部的注浆孔进行加注，从而减少盾构机通过后土体的后期沉降，减轻隧道的防水压力，提高止水效果。必要时每 5 环进行一次二次注浆，甚至间隔更短。二次注浆时间原则上在管片脱出台车前进行。

二次注浆材料要求可注性强，对同步注浆起充填和补充作用。当地下水特别丰富时，需要对地下水封堵，因此需要浆液具有较高的黏度，以便在浆液向空隙中充填时及时将地下水压入并封堵在地层中，获得最佳充填效果，这时需要将浆液的凝胶时间调整至 1~4min，二次注浆浆液采用双液浆。

1. 二次浆液配比及性质

$1m^3$ 的配合比为水灰比 = 1.5（质量比）的水泥浆，水泥浆与硅酸钠的体积比根据实际情况对配合比做相应的调整。二次浆液配比如表 4.1-3 所示。

二次浆液配比　　　　　　　表 4.1-3

硅酸钠溶液配比	胶凝时间（s）
	水灰比为1.5，水泥浆液：硅酸钠溶液 = 1：1
水：硅酸钠 = 1：1	6
水：硅酸钠 = 2：1	20
水：硅酸钠 = 3：1	40
水：硅酸钠 = 4：1	60

2. 二次注浆施工参数

（1）注浆顺序

同一环管片严格按"先拱顶后两腰，两腰对称"的方法注入。同环注浆至少需间隔一个点位，原则上禁止连续几环在同一点位注浆，禁止在 F 块上打孔注浆。

（2）注浆压力

双液浆注浆压力控制在 0.2~0.5MPa。实际施工时，二次注浆的注浆压力为 0.35MPa，浆液流量：10~15L/min，使浆液能沿管片外壁较均匀地渗流，而不致劈裂土体，形成团状加固区，影响注浆效果。

4.1.3 渣土改良技术

土压平衡盾构的工作原理是刀盘切削下来的土体通过刀盘开口进入土仓中，再由螺旋输送机将土仓中的渣土运出，通过控制刀盘和螺旋输送机的速度可以保持土仓中充满渣土，从而能够对开挖面提供稳定的支撑压力平衡前面地层的土水压力，保持开挖面的稳定。要保证土压平衡式盾构的安全施工和地层变形，这就要求土仓内的渣土处于良好的流塑性状态，即良好的流动性、优良的黏稠性、较小的摩擦性和较低的渗透性，才能顺畅排出，但大多数土体并不能完全符合上述要求，需要经过渣土改良。渣土改良作为土压平衡式盾构必不可少的工序，对盾构的安全施工具有重要的影响，是隧道施工中需要重点关注的问题之一。

在盾构施工中尤其在复杂地层盾构施工中，进行渣土改良是保证盾构施工安全、顺利、快速的一项不可缺少的重要技术手段，具有如下作用：

（1）润滑刀具，减少刀具与地层间的摩擦，可有效降低刀盘扭矩，同时减少了因摩擦而产生过多的热量，降低对刀具和螺旋输送机的磨损。

（2）与土体拌合均匀，使开挖土具有良好的流动性，增强土体可排性。

（3）可有效防止土渣粘结刀盘而产生泥饼。

（4）增强土体的气密性和止水性，保证开挖面的稳定，控制地表沉降。

渣土改良，就是通过盾构机配置的专用装置向刀盘面、土仓或螺旋输送机内注入添加剂，利用刀盘的旋转搅拌、土仓搅拌装置搅拌或螺旋输送机旋转搅拌，使添加剂与土渣混合。其主要目的就是要使盾构切削下来的渣土具有好的流塑性、合适的稠度、较低的透水性和较小的摩阻力，以满足在不同地质条件下采用不同掘进模式都可达到理想的工作状况。添加剂主要有泡沫和膨润土，如图 4.1-2 所示。

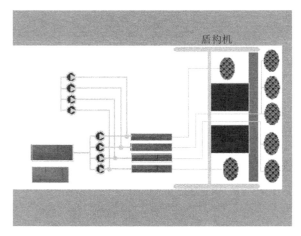

图 4.1-2　盾构机渣土改良系统原理图

泡沫的功效主要在于分离或中和黏性土中的阴阳离子，降低其吸附性能，从而起到改善渣土的流动性、润滑刀具等作用。对于软岩和黏性土，合理的泡沫注入尤为重要。根据各型号泡沫剂的使用效果来看，一般溶液浓度为 2%～5%，软黏土中膨胀率建议值为 6%～15%，在磨桩掘进时建议膨胀率为 15%～20%，注入率从本工程地质勘察报告和类似工程施工情况来看，应控制在 80%～150%。

刀盘本体正面上配置了 7 路改良剂注入口、背部中心 1 路改良剂注入口。膨润土与泡沫共用改良剂注入口，可快速切换。改良剂注入口具有防逆流堵塞设计，方便在土仓内更换。通过旋转接头向刀盘前面的喷口喷注，发泡方式由原来的管路中混合直接发泡变为在混合箱充分混合后由泡沫泵泵送发泡，增强发泡效果，降低泡沫消耗量；土仓隔板设置 2

路膨润土喷口；螺旋输送机内设置渣土改良注入口9个，见表4.1-4。

土体改良系统参数表 表 4.1-4

类别	项目	参数	单位	备注
泡沫注入系统	泡沫原液泵功率	1.1	kW	
	混合液泵功率	8×1.5	kW	
	混合液泵流量	8×1.2	m³/h	
	泡沫发生器数量	8	个	
	泡沫原液箱容积	1	m³	
	泡沫混合液箱容积	1	m³	
膨润土注入系统	改良膨润土泵形式	活塞泵		
	改良膨润土泵功率	2×15	kW	
	改良膨润土泵注入能力	2×15	m³/h	
	改良膨润土泵最大工作压力	2.5	MPa	
	搅拌形式	气动搅拌		
	膨润土罐容量	6	m³	
螺旋输送机	渣土改良注入口	9	个	

4.1.4 盾构开仓技术

盾构在掘进过程中会不可避免地造成刀具磨损，若不及时进行换刀处理而继续掘进，会使得刀具发生超量磨损，甚至出现断裂，严重损坏刀盘结构，对盾构掘进效率会造成较大影响，无法保证掘进速度，耽误工期进度。为了避免事故发生，应主动对盾构机刀具进行相应更换，因此，对盾构机开仓换刀判定条件的研究至关重要。

当盾构需要进行开仓作业时，作业的方式分为常压和带压两种。常压开仓换刀一般对土体进行加固后进行，其具有安全性高、可操作性高、造价低、换刀时间短、对地面沉降影响小等特点。在不具有常压进仓环境或不稳定地层中作业时需要采用带压进仓的形式。因为在高压中进行作业，在人员安全方面具有较大的隐患。此外由于盾构机所处软流塑地层含水率高、承载力低，此时进行带压进仓作业，很难保证盾构机的气密性。因此，可将加固区作为软流塑地层主选的开仓位置。

1. 开仓位置

根据工程筹划，如图4.1-3所示，盾构机计划开仓位置左线为Q1及Q4加固区、右线为Q2及Q5加固区，结合MJS钻孔布置情况，左线盾构第一次开仓里程为XK22+902.050（切口环里程，下同），此时盾构切削完成东侧人行道4根工程桩+车行道8根围护桩+1根工程桩，第二次开仓里程为XK22+814.320，此时盾构继续切削完成车行道 7 根围护桩 + 1 根工程桩 + 西侧人行道 2 根工程桩（剩余 2 根工程桩）；右线盾构第一次开仓里程为 SK22 + 900.000，此时盾构切削完成东侧人行道 2 根工程桩 + 车行道 7 根围护桩 + 2 根工程桩，第二次开仓里程为 SK22 + 808.134，此时盾构继续切削完成车行道 7 根围护桩 + 2 根工程桩 + 西侧人行道 2 根工程桩，如图 4.1-4～图 4.1-5 所示。

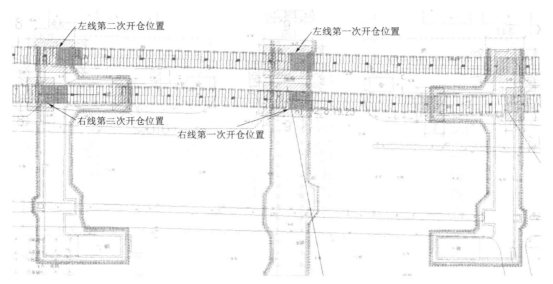

图 4.1-3　开仓位置示意图

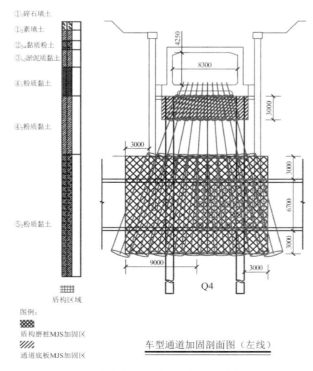

(a) 左线盾构第一次开仓位置断面图

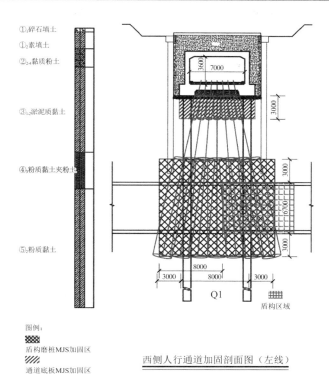

(b) 左线盾构第二次开仓位置断面图

图 4.1-4 左线开仓位置断面图

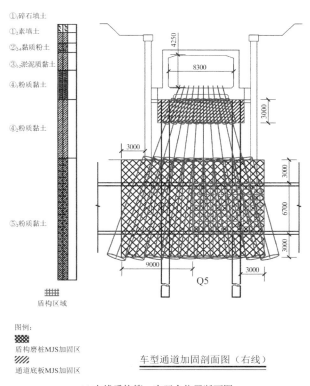

(a) 右线盾构第一次开仓位置断面图

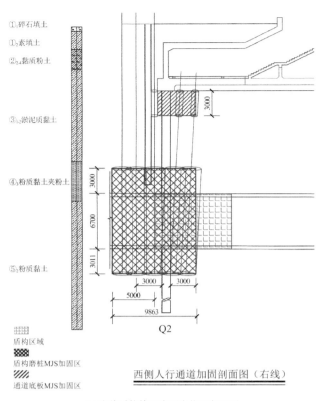

西侧人行通道加固剖面图（右线）

(b) 右线盾构第二次开仓位置断面图

图 4.1-5　右线开仓位置断面图

2. 常压开仓

鉴于开仓位置已进行全断面 MJS 加固，安全性较高。本工程盾构开仓方式为常压开仓，开仓流程如图 4.1-6 所示，开仓时应遵循以下原则：

（1）根据具体工程的工程地质条件、工程环境条件合理地制定开仓计划，计划包括进行开仓的里程、地层情况、地层处理方案等。

（2）在开仓后及人员进仓作业的全过程中，加强内外通风，必须保证仓内与仓外空气的流动性，保证人员作业环境的安全。

（3）做好开仓施工的准备工作，遵循"快进快出"的原则，确保开仓施工连续、快速。

（4）在换刀期间，若遇见整盘刀具磨损严重，严禁按照先拆除后更换进行，必须遵守拆一把刀、装一把刀的方法进行，防止掌子面突然失稳，立即停止换刀恢复掘进。

开仓后换刀原则实行"拆一换一"原则，严禁大面积进行换刀。对于刀具是否需要更换，应符合以下原则：

（1）滚刀刀圈产生偏磨、刀圈脱落、裂纹、松动、位移的情况下，必须进行更换。

（2）滚刀磨损量在 10～13mm、刀圈上出现连续相邻 3 颗齿断裂后或刀圈上断裂合金齿数量达到 25 颗后的情况下，必须进行更换。

（3）撕裂刀、刮刀合金齿全部磨损的，必须进行更换。

图 4.1-7 为右线土仓内部情况，部分刀梁孔洞位置存在钢筋缠绕现象，缠筋数量较少。

图 4.1-8 为现场取出的 MJS 渣样和钢筋，MJS 渣样平均粒径约 150mm，加固效果较好；钢筋长度约 80cm，直径 25mm，为桩基主筋。

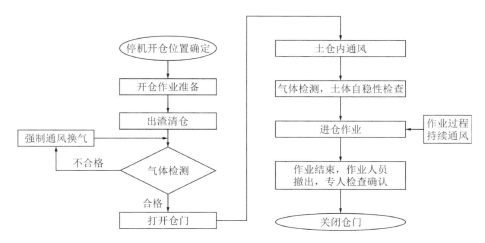

图 4.1-6　常压开仓流程图

(a) 刀盘孔洞钢筋缠绕

(b) 土仓正下方钢筋缠绕

(c) 土仓左下方钢筋缠绕

(d) 土仓右下方钢筋缠绕

图 4.1-7　土仓内部情况

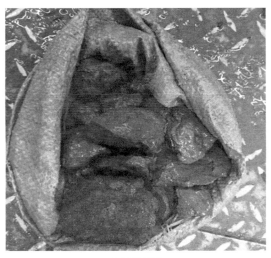

(a) MJS 渣样

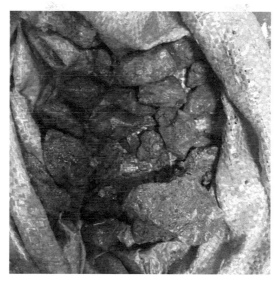

(b) 混凝土桩基渣样

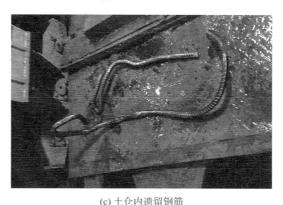

(c) 土仓内遗留钢筋

图 4.1-8　土仓内 MJS 和钢筋渣样

4.1.5　小结

针对盾构磨桩工程特性，对同步注浆、二次注浆、渣土改良、盾构开仓进行分析研究，得出适合盾构磨桩的辅助施工技术。具体结论如下：

（1）根据现场情况及性能指标确定浆液配比后，严格控制注浆参数，注浆压力 0.2~0.3MPa，注浆量 3.5~4.4m³/环，注浆速度保持与掘进速度相匹配。同时应根据监测数据进行施工参数优化，达到最佳注浆效果。

（2）二次注浆采用双液浆，1m³ 的水灰比为 1.5（质量比）。施工参数确定为注浆压力 0.35MPa、注浆流量 10~15L/min 时，注浆效果最佳。

（3）渣土改良以注入泡沫为主，对软流塑地层磨桩具有良好效果。

（4）盾构开仓位置均选择 MJS 加固区域，均为常压开仓。开仓后对刀梁观察后，发现其孔洞位置缠绕少量钢筋。取出 MJS 渣样与缠绕钢筋后，发现 MJS 加固效果及钢筋切削效果均良好。

4.2 盾构悬臂切削大直径钢筋混凝土排桩技术

4.2.1 盾构悬臂磨削大直径钢筋混凝土排桩重难点

1. 重难点

绍兴地铁 2 号线盾构隧道施工过程中，盾构线路与绍兴市行政中心三通道桩基发生冲突。悬臂排桩侵入段位于中间车行通道，车行通道为单跨矩形闭合框架结构，净空 4.25m，覆土 3.32m，通道长 93m，与隧道净距 11m。侵入隧道的围护桩共计 29 根，桩径 800mm，桩间距 1.1m，桩长 22.5m，左线侵入 15 根，右线侵入 14 根。区间线路的最大坡度 26‰，最小曲线半径 $R = 410$m。

区间盾构穿越软流塑地层，软流塑地层土体含水率高、承载力低、塑性强，对掘进过程中的桩体位移限制弱，易引起桩体侧移并影响上部结构安全。地层以④$_3$粉质黏土夹粉土、⑤$_2$粉质黏土为主。土层物理参数如表 4.2-1 所示。

作业土层物理力学参数　　　　表 4.2-1

	④$_3$粉质黏土夹粉土	⑤$_2$粉质黏土
天然含水率（%）	37.6	45.5
天然密度（g/cm³）	1.97	1.89
土粒相对密度	2.74	2.75
液限（%）	43.5	38.9
塑限（%）	25.8	28.3
塑性指数	17.7	10.6
液性指数	0.92（软塑）	1.62（流塑）
初始孔隙比	1.06	1.25
黏聚力（kPa）	37.0	34.0
内摩擦角（°）	30.7	16.1
渗透系数（cm/s）	6.93E-07	7.95E-07

车行通道围护结构两侧桩体悬臂侵入隧道 4m。如图 4.2-1 所示，盾构左线沿掘进方向磨桩时，第三断面切削 8 根围护桩，第六断面切削 7 根围护桩；右线通过其第三、六磨桩断面时，分别切削 7 根围护桩。围护桩配筋加密区长 13m，配筋为 18ϕ25，非加密区长 9m，配筋为 9ϕ25，具体配筋如图 4.2-2 所示。

盾构下穿车行通道时，磨桩刀具选型、刀盘刀具配置和磨桩参数控制直接影响磨桩效果。切削悬臂排桩过程将对通道结构及地表变形产生显著影响，因车行通道位于市政府下方，地理位置特殊，须严格控制地表沉降。因此，盾构切削悬臂排桩时，安全风险高，须从刀具配置、参数反馈、钢筋及混凝土渣样形态等方面，对结构及地表变形、磨桩效果等方面综合研判。

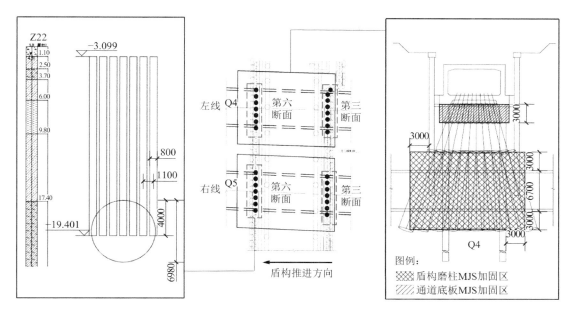

图 4.2-1 围护桩侵入隧道示意图

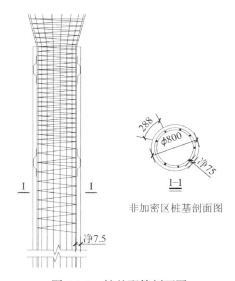

图 4.2-2 桩基配筋剖面图

2. 应对措施

为确保盾构磨桩顺利进行，尽最大可能减小对上部结构的扰动以及减小对磨桩刀具的损伤，盾构过程应严格遵守以下措施：

（1）严格按设计要求对桩基周边土体及换刀区域采用 MJS 加固，加固完成后按要求进行检测，确保加固效果达到设计要求。

（2）优化刀具配置，刀盘正面采用撕裂刀，周边为 12 把单刃镶齿滚刀；同时，加焊 18 把焊接撕裂刀，与 160mm 滚刀同轨迹，二次切削钢筋，且在其磨损后可以代替切削，延长刀具单次使用距离。

（3）螺旋机具备正反转及伸缩功能（伸缩行程1000mm），有效防止螺旋机卡滞；同时，设置5个可拆卸观察口，可及时处理磨桩过程中产生的大量钢筋及混凝土渣块。

（4）盾构掘进速度分阶段进行动态控制：在推进至距离桩基10m左右时，放慢推进速度，控制在25～30mm/min；在推进至距离桩基2m左右时，再次放慢推进速度，控制在10～15mm/min；并控制好盾构机姿态以及隧道轴线，确保盾构机以良好的姿态进行磨桩施工。盾构磨桩时，以不大于5mm/min的速度进行慢速切磨，以减小对桩体的扰动，同时减少钢筋对刀具的冲击。

（5）全部采用土压平衡模式进行掘进，保证土仓的压力平衡在0.22MPa左右，在推进和停机过程中保持土压基本平衡，不要出现过大的波动。

（6）刀盘转速控制：刀盘转速控制对桩的稳定性有重要影响，若转速过快则对桩周土体的扰动程度较大，以致产生较大的水平位移；若刀盘转速过小，则刀盘的贯入度过大，使得扭矩过大，对磨桩不利。因此，针对本工程实际情况，掘进过程中将刀盘转速控制在1.0r/min。掘进扭矩稳定在2000kN·m左右，盾构机推力1500t。

（7）保证同步注浆量在5.4m³以上（注入率不小于150%），注浆压力保证0.2～0.3MPa；严格控制注浆管的畅通，发现堵管时应及时疏通；在浆液泵入浆液槽之前严格检查浆液的质量，不合格的浆液不予使用。同时，根据监测数据及时进行二次注浆，确保壁后空隙填充饱满，减少地面沉降。

（8）保证刀盘前方的泡沫管的畅通，在掘进过程中保证泡沫的注入量，泡沫原液浓度为4%，发泡倍率为15。在加注泡沫的过程中，要注意控制气压，避免过高压力引起土压的波动。

（9）在推进过程中保持盾构机的姿态平稳，严禁姿态起伏过大而引起刀盘周边土体的沉降，尽量避免蛇行。

（10）加大地面的监测力度，在建筑物当日的沉降超过3mm时，测量频率要加倍；而且，测量数据要及时反馈到盾构司机及值班技术员，以迅速调整盾构机参数；同时，派专人进行24h巡视，发现异常情况及时反映，达到指导施工的目的。

（11）盾构机到达设定停机位置后，通过径向孔注入克泥效，阻止后方来水；同时，在脱出盾尾3环开始全环二次注浆进行封环，开仓后观察掌子面情况，确保安全后再进行查（换）刀及钢筋清理。

3. 可行性分析

通过对以往磨桩案例的分析，结合绍兴软流塑地层及悬臂钢筋混凝土桩基的工程特性，进行可行性分析。首先，对于软土地层中的磨桩案例，参考苏州、宁波、杭州等地磨柱方案，对地层采用MJS工法加固；其次，经国内外盾构磨桩项目研究，撕裂刀对桩体钢筋可形成有效切削，切削效果优于滚刀[4]。因此，本项目以撕裂刀作为主要磨桩刀具，以镶齿滚刀作为边缘扩孔保径刀具。此外，基于既有磨桩工程经验，推进速度控制为不超过5mm/min，刀盘转速围绕0.8r/min，使盾构机对桩体形成稳定切削，减小钢筋的缠刀盘风险。

4.2.2 右线切削 2 排 14 根钢筋混凝土桩基过程记录

1. 同时切削 Y3-1～7 号桩基情况

切削 Y3-1～7 号桩基位于 431 环，8:05 开始磨桩，11:45 磨桩完成，历时 3 小时 40 分。

（1）推速推力

Y3-1～7 号桩基切削过程，盾构推力围绕 8600～9600kN 波动，平均推力 8986kN，最大推力 9572kN。磨桩过程中，推进速度基本低于 5mm/min，平均推速 4.33mm/min，见图 4.2-3。

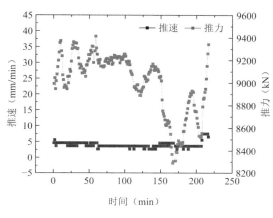

图 4.2-3 推速、推力变化

（2）转速扭矩

盾构磨桩过程中，刀盘转速随时间变化折线图为水平直线，刀盘转速维持不变，稳定在 0.86r/min。刀盘扭矩在 1000～1500kN·m 波动，最大扭矩 1561kN·m，最小扭矩 1028kN·m，扭矩均值为 1263kN·m，见图 4.2-4。

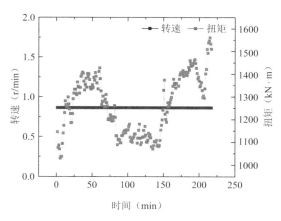

图 4.2-4 转速、扭矩变化

（3）土压控制

图 4.2-5 为 Y3-1～7 号桩基切削过程土压力控制值。磨桩过程中，掌子面土压力波动较小，在 1.9～2.1bar 波动，磨桩过程平均土压力为 0.2MPa。

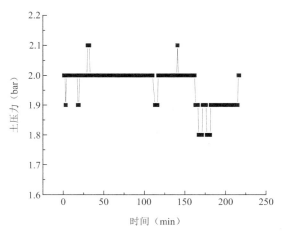

图 4.2-5 土压力变化

2. 同时切削 Y6-1~7 号桩基情况

切除 Y6-1~7 号桩基位于 442 环，15:55 开始磨桩，18:28 磨桩完成，历时 2 小时 33 分。

（1）推速推力

Y6-1~7 号桩基切削过程，盾构磨桩前期推力从 7120kN 逐步上升，后续围绕 7600~8200kN 波动，最大推力 8342kN，平均推力 7985kN。磨桩过程中，推进速度围绕 5mm/min 波动，平均推速为 4.69mm/min，见图 4.2-6。

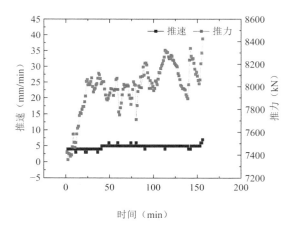

图 4.2-6 推速、推力变化

（2）转速扭矩

盾构磨桩过程中，刀盘转速随时间变化不大，基本稳定在 0.85r/min。盾构磨桩前期刀盘扭矩逐渐增大，在磨桩中期达到最大值 1668kN·m，盾构完成后减小至最小值 1240kN·m，扭矩平均值 1447kN·m，见图 4.2-7。

（3）土压控制

图 4.2-8 为 Y6-1~7 号桩基切削过程土压力控制值。磨桩过程中，掌子面土压力在 1.7~

1.9bar波动，磨桩过程平均土压力为0.18MPa。

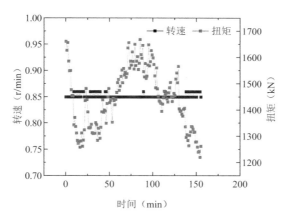

图4.2-7 转速、扭矩变化

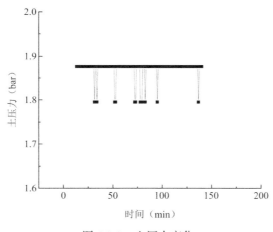

图4.2-8 土压力变化

4.2.3 左线切削2排15根钢筋混凝土桩基过程记录

1.同时切削Z3-1～8号桩基情况

切削Z3-1～8号桩基位于431环及432环，切除第3个断面8根围护桩（桩径ϕ800mm，配筋14ϕ25），由于盾构磨桩中需进行管片拼装，占用较长时间，故历时5小时30分。

（1）推速推力

磨桩时，盾构推力围绕10000～12000kN波动，平均推力8693kN，最大推力12386kN，平均推速4mm/min。Z3切削过程涉及管片拼装，管片拼装前后推力变化较小，推速波动显著，拼装完毕后推速逐渐降至约4mm/min波动，见图4.2-9。

（2）转速扭矩

盾构磨桩过程，初始刀盘转速为1r/min。管片拼装结束后，刀盘转速降低，平均转速0.75r/min。磨桩过程中，扭矩波动明显。管片拼装结束后呈上升趋势，大体在1900～3000kN·m波动，最大扭矩为3644kN·m，平均扭矩1645kN·m，见图4.2-10。

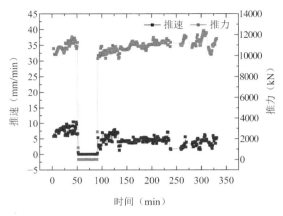

图 4.2-9　推速、推力变化

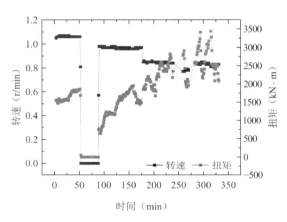

图 4.2-10　转速、扭矩变化

（3）土压控制

磨桩过程中，掌子面土压力波动较大，波动范围 1.9～2.2bar，平均土压力 0.23MPa，如图 4.2-11 所示。

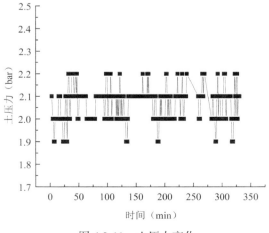

图 4.2-11　土压力变化

2. 同时切削 Z6-1～7 号桩基情况

3 月 13 日 5:07 开始掘进 442 环，切除第 6 个断面 7 根围护桩（桩径 ϕ800mm，配筋 14ϕ25），10:47 磨桩完成，历时 5 小时 40 分。

（1）推速推力

磨桩时，盾构推力围绕 11000～13000kN 波动，平均推力 7548kN，最大推力 12142kN，平均推速 2.5mm/min。Z6 切削过程涉及管片拼装，管片拼装前后推力变化较小，推进速度存在一定波动。拼装完毕后，推速逐渐降低，在 3mm/min 范围波动，见图 4.2-12。

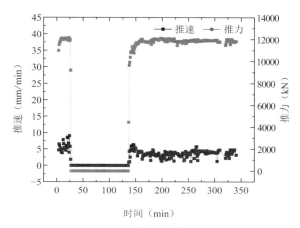

图 4.2-12　推速、推力变化

（2）转速扭矩

盾构磨桩过程，刀盘平均转速为 0.55r/min，数值稳定，磨桩后期略微降低。管片拼装后，扭矩波动于 2000～2600kN·m，最大值为 2800kN·m，平均扭矩 1455kN·m，如图 4.2-13 所示。

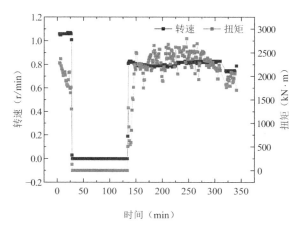

图 4.2-13　转速、扭矩变化

（3）土压控制

图 4.2-14 为 Z6 桩基切削过程土压力控制值。磨桩初期土压力呈上升趋势，最高达 0.25MPa，管片拼装后介于 2.0～2.2bar 波动。

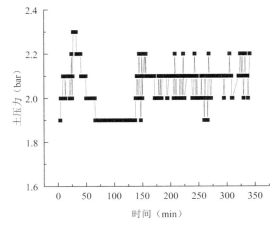

图 4.2-14 土压力变化

4.2.4 掘进过程推力扭矩变化规律

1. 右线掘进过程推力变化规律

对比图 4.2-3 和图 4.2-6 右线磨桩过程中第 3 断面与第 6 断面推力平均值随时间变化结果。磨桩过程推力波动较小,整体稳定,随时间略有所上升。右线第 3 断面推力围绕 8600~9500kN 波动,平均推力 8986kN,最大推力 9572kN。右线第 6 断面磨桩前期推力从 7120kN 逐步上升,后续围绕 7600~8200kN 波动,最大推力 8342kN,平均推力 7985kN。

2. 左线掘进过程推力变化规律

左线两断面均存在管片拼装过程,受现场施工情况影响,存在间隔停机,推力控制较为平稳。第 3 断面推力围绕 10000~12000kN 波动,平均推力 8693kN,最大推力 12386kN。第 6 断面盾构推力围绕 11000~13000kN 波动,平均推力 7548kN,最大推力 12142kN。管片拼装前后,推力变化较小,如图 4.2-9 和图 4.2-12 所示。

3. 右线掘进过程扭矩变化规律

右线两断面盾构扭矩随时间变化如图 4.2-4 和图 4.2-7 所示。第 3 断面刀盘扭矩在 1000~1500kN·m 波动,最大扭矩 1561kN·m,最小扭矩 1028kN·m,扭矩均值为 1263kN·m。第 6 断面盾构磨桩前期刀盘扭矩逐渐增大,在磨桩中期达到最大值 1668kN·m,盾构完成后减小至最小值 1240kN·m,扭矩平均值 1447kN·m。扭矩变化可直接反映出钢筋切削效果,右线盾构磨桩过程中,扭矩整体控制在一定范围内波动,右线盾构磨桩效果较好。

4. 左线掘进过程扭矩变化规律

左线两断面盾构扭矩随时间变化,如图 4.2-10 和图 4.2-13 所示。左线第 3 断面磨桩过程中扭矩波动明显,管片拼装结束后呈上升趋势,大体在 1900~3000kN·m 波动,最大扭矩为 3644kN·m,平均扭矩 1645kN·m。左线第 6 断面管片拼装后,扭矩波动于 2000~2600kN·m,最大值为 2800kN·m,平均扭矩 1455kN·m。盾构磨桩扭矩波动大于右线,结合螺旋机排出钢筋破坏形式及刀盘上缠绕钢筋数量来看,左线磨桩对钢筋切削不完全,盾构磨桩效果较右线欠佳。

5. 推力扭矩变化原因分析

掘进参数控制值以推进速度 2~5mm/min,刀盘转速 0.85r/min,推力 8500~9500kN,

刀盘扭矩以 1000～1500kN·m 为宜。

盾构切削悬臂钢筋混凝土桩基时，盾构推力与推速密切相关，基本上呈线性相关。随着盾构推力的增大，推速也会随着增大；反之，盾构推力减小，推速也随之减小。通常，盾构推力变化主要取决于仓内压力，但在盾构磨桩时，推力变化与磨桩过程密不可分。当盾构机刀盘刚接触钢筋混凝土悬臂桩基时，刀具需切削桩基外层混凝土，盾构推力只需满足对混凝土层切削即可。当切削钢筋时，所需推力增大。此外，在磨桩过程中，考虑到磨桩面积变化会随盾构推进发生变化，因此对推力产生变化。

切削悬臂桩基时，扭矩变化时刻反映磨桩难易。盾构切削钢筋混凝土桩基过程中，切削钢筋时所需要的扭矩大于切削混凝土所需扭矩。随着磨桩的进行，部分钢筋会缠绕于刀盘上，对盾构磨桩造成阻碍，增大刀盘扭矩。此外，刀具磨损会影响磨桩效果，随着磨桩不断进行，刀具磨损增大，后续磨桩所需扭矩也会增大。

4.2.5 地表沉降及建（构）筑物变形规律

1. 地表沉降规律分析

对车行通道地表及结构布设监测点，监测点位如图 4.2-15 所示，JGC 为结构点位，布设于通道结构侧墙，DBC 为地表点位。根据《城市轨道交通工程监测技术规范》GB 50911—2013[35]规定，结合绍兴地区磨桩工况，结构沉降控制值为 10～30mm，地表隆起控制值 10mm，地表沉降控制值 25～35mm。

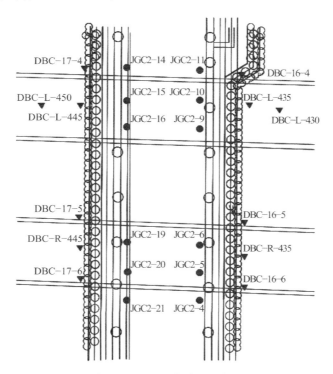

图 4.2-15 监测点位置示意图

地表竖向位移如图 4.2-16 所示，左右线地表隆起均低于 3mm，沉降低于 2mm。磨桩过程中，右线第三断面地表位移围绕±0mm波动，位移稳定，第六断面地表下沉约1.5mm并趋于平稳；左线地表第三断面整体呈隆起趋势，隆起约1.5mm，第六断面地表下沉约2mm。地表与结构变形规律相近。

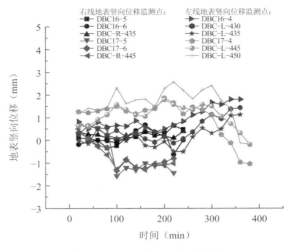

图4.2-16 地表竖向位移规律

2. 地下通道变形规律分析

图4.2-17为结构位移监测结果，位移围绕±1.5mm波动，磨桩过程中，右线第三断面结构最大上浮量1.5mm，随后出现下沉趋势，第六断面结构上浮1mm，位移平稳；左线结构位移整体平稳，磨桩后期第三断面呈上浮趋势，第六断面呈下沉趋势，平均沉降0.93mm，最大沉降1.5mm。

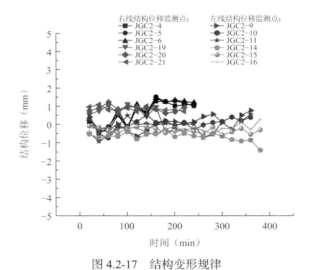

图4.2-17 结构变形规律

4.2.6 管片变形变化规律

1. 管片沉降变化规律

软流塑地层盾构掘进时，管片上浮作用使管片偏离设计轴线。为保证成型隧道的轴线精度，提高盾构管片隧道的成型效果，多采用同步注浆及二次补浆、施加止水环、盾体姿态控制等方式控制管片姿态。管片姿态分析见式(4-1)。

$$\Delta S = |S - S^*| \tag{4-1}$$

式中：ΔS——管片与设计轴线偏差值；

S——管片当前位置；

S^*——轴线设计值。

表4.2-2为四个磨桩断面中，桩下管片的沉降控制结果。第一次复测为管片脱出盾尾后的次日监测数据，随后每隔一日进行一次复测。三个断面的管片垂直姿态偏差均未超过50mm，管片沉降控制良好。

管片沉降规律　　　　表 4.2-2

ΔS（mm）	右线第三断面围护桩	右线第六断面围护桩	左线第三断面围护桩	左线第六断面围护桩
环号	437	448	438	449
第一次复测	19	31.8	12.5	47.9
第二次复测	18	—	25.6	—
第三次复测	22.1	—	—	—
第四次复测	—	—	—	—

2. 管片收敛变化规律

磨桩完成后，对桩下管片的竖向及横向收敛情况进行监测。每10环管片监测一组收敛数据，取所磨桩桩下管片最近监测点，右线、左线第3断面分别处于437环、438环，取最近监测点440环处监测点；右线、左线第6断面分别处于448环、449环，取最近监测点450环处监测点。

监测频率为2d一测。监测项目控制值如下：拱顶、拱底及横向收敛变化速率控制值为±2mm/d，拱顶竖向收敛累积值±10mm，拱底竖向收敛累积值±20mm，横向收敛累积值±10mm。

图4.2-18为右线两磨桩断面附近监测点拱顶竖向收敛累计曲线图。竖向收敛向上为正，向下为负。右线拱底竖向收敛于1月17日开始监测，2月20日完成拱顶竖向收敛，历时34d。第3断面拱顶竖向收敛于−1.9mm，最大拱顶收敛变化率为0.4mm/d，第6断面拱顶竖向收敛于−2.6mm，最大拱顶收敛变化率0.3mm/d，均未超过累积拱顶收敛预警值和收敛变化速率控制值。

图4.2-19为右线两磨桩断面附近监测点拱底竖向收敛累计曲线图。右线拱底竖向收敛监测开始于1月17日，3月2日完成收敛，历时44d。右线第3断面竖向拱底收敛于2.7mm，最大拱底收敛变化率0.43mm/d，第6断面竖向拱底收敛于2.06mm，最大拱底收敛变化率−0.435mm/d，均符合要求。

图4.2-20为右线横向收敛累计曲线图。横向收敛以向外扩为正，以向内收敛为负。右线横向收敛开始于1月17日，于2月20日完成收敛，历时34d。右线第3断面横向收敛于−0.8mm，最大变化速率0.3mm/d，右线第6断面横向收敛于−2.9mm，最大变化率

−0.6mm/d，未达到横向收敛预警值。

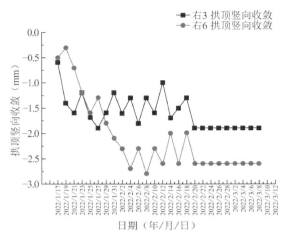

图 4.2-18　右线拱顶竖向收敛累计曲线图

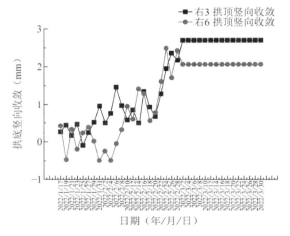

图 4.2-19　右线拱底竖向收敛累计曲线图

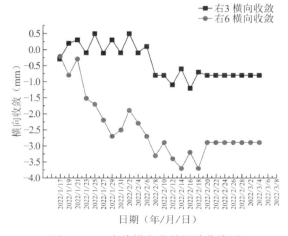

图 4.2-20　右线横向收敛累计曲线图

左线拱顶竖向收敛如图 4.2-21 所示。左线拱顶竖向收敛监测开始于 3 月 28 日，收敛完成于 4 月 3 日，历时 6d。左线第 3 断面拱顶竖向收敛于 −0.5mm，最大变化率−0.45mm/d，左线第 6 断面拱顶竖向收敛于 0.1mm，最大变化率为 0.65mm/d，未达到竖向拱顶收敛预警值。

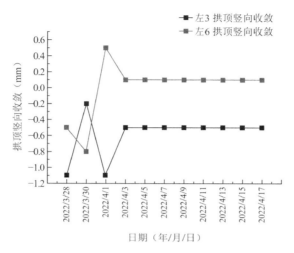

图 4.2-21　左线拱顶竖向收敛累计曲线图

左线拱底竖向收敛如图 4.2-22 所示。左线拱底竖向收敛监测始于 3 月 28 日，收敛完成于 4 月 5 日，历时 8d。左线第 3 断面拱底竖向收敛于−2.77mm，最大变化率 1.36mm/d，第 6 断面拱底竖向收敛于−1.92mm，最大变化率 1.41mm/d，未达到竖向拱底预警值。

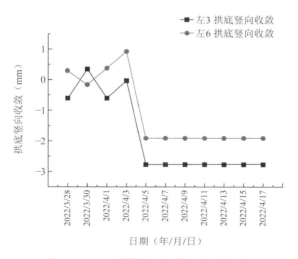

图 4.2-22　左线拱底竖向收敛累计曲线图

左线横向收敛如图 4.2-23 所示。左线横向收敛监测始于 3 月 28 日，收敛完成于 4 月 3 日，历时 6d。左线第 3 断面横向收敛于 0.5mm，最大变化率−0.3mm/d，第 6 断面横向收敛于−0.8mm，最大变化率−0.4mm/d，未达到横向收敛预警值。

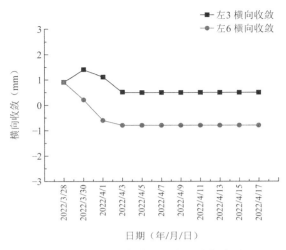

图 4.2-23 左线横向收敛累计曲线图

4.3 盾构全断面切削大直径钢筋混凝土桩基技术

绍兴地铁 2 号线 02 标镜后区间全断面冲突的混凝土桩基共计 18 根。MJS 地基加固为软流塑地层盾构磨桩提供了安全储备。但桩体切削过程同样伴随地表位移、通道结构及桩体变形，甚至可能导致管片从盾尾脱出后，与残桩接触等不利影响。为降低上述施工隐患，建立盾构掘进参数控制原则，通过分析掘进过程的参数变化、地表及结构变形、管片变形情况，判断磨桩效果；并基于钢筋及混凝土损伤机理分析，对软流塑地层盾构切削大直径钢筋混凝土桩基施工技术做出总结，为国内外类似工程的展开提供参考。

4.3.1 盾构全断面切削大直径钢筋混凝土桩基重难点

1. 重难点

软流塑地层盾构磨桩重难点如下：

1）盾构磨桩过程控制重难点

（1）软流塑地层土体具有高含水率、高压缩性、低承载力、低强度等特征。盾构磨桩掘进时，桩体受推力及扭矩作用，将导致桩体产生沿隧道纵向及侧向变形。此外，软流塑地层土性特征也将对开仓换刀造成极大风险。

（2）基于已有施工经验，扭矩、推速、推力等掘进参数是磨桩的控制重点，掘进参数控制效果将直接影响刀盘刀具磨损、钢筋及混凝土损伤程度、桩体及结构变形和盾构姿态，最终影响后续掘进施工。

（3）软流塑地层盾构掘进易发生黏土糊刀盘、结泥饼，渣土改良为施工重点。此外，地层含水率大，须进行磨桩过程注浆参数和盾尾密封等辅助施工参数控制，降低管片上浮，防止盾尾击穿。

（4）部分桩体位于区间隧道 26‰ 下坡段，前后高差较大，易造成结构桩基非均匀受力，发生盾构姿态侧偏。

2）结构安全控制重难点

（1）盾构磨桩过程耗时较长，持续的地层扰动不利于地层沉降控制和结构变形控制。

（2）桩基切断后，断桩处结构易产生不均匀沉降。

3）隧道管片安全控制重难点

管片脱出盾尾后，若残桩沉降量与管片上浮量之和达到接触净距（开挖外径与管片外径之差的一半），桩基将作用于管片结构，产生附加应力，造成灾难性后果。

4）地表环境控制重难点

软流塑地层土体强度低，出土量控制不到位将产生地层隆起、沉降，产生管线变形开裂。此外，同步注浆压力过大将造成地表涌浆，产生不利影响。

2. 应对措施

（1）磨桩前 MJS 桩基预加固处理

隧道范围内，使用 MJS 加固桩基后背土，改善土体不良工程性质。加固区选择为隧道及桩基周围 3m 范围，便于开仓检修换刀。通过第 2 章注浆参数修正，加固后的桩基后背土无侧限抗压强度达到 1.2MPa，满足设计要求。

（2）刀盘刀具配置

基于软流塑地层粒径级配和渗透系数关系，采用复合式刀盘，刀盘开口率35%，刀盘正面焊接复合耐磨板，周边镶嵌合金耐磨块。为实现刀具对钢筋及混凝土的有效破坏，磨桩刀具以撕裂刀为主，利用撕裂刀冲剪破混凝土破筋机理，破坏桩体混凝土并使钢筋产生剪切撕裂，国内磨桩工程的刀具配置案例显示[33]，撕裂刀是首选的磨桩刀具。

撕裂刀的布置模式采用"三区刀"和"三层刀"原则。"三区刀"以"中心区排渣、主磨区磨桩、主损区保径"为布刀要点；"三层刀"以"一主、一辅、一刮"为核心，装配主撕裂刀（刀高 160mm），辅撕裂刀（刀高 140mm）和刮刀（115mm），对桩基钢筋和混凝土产生有效损伤。

除撕裂刀外，刀盘上另配置了 12 把单刃镶齿滚刀，提高刀具扩孔保径。滚刀镶齿，以提高对钢筋的损伤。由于滚刀的切削机理为滚压破坏，易于破坏混凝土而不易于钢筋断裂，故滚刀同轨迹线上布置有 12 把焊接式撕裂刀，刀高低于滚刀，在滚刀保护下用于切削桩体钢筋。

（3）盾构掘进参数控制

为降低磨桩过程桩体位移，实现盾构切削过桩。参考国内外磨桩案例，如表 4.3-1 所示，受地层因素影响，推力及扭矩的变化范围较大，黏土地层推进速度控制在 5mm/min 以内，转速不低于 0.8r/min。故绍兴地区盾构磨桩以"小扭矩、慢推速、低转速、调姿态、控超挖"为磨桩控制原则，降低桩体扰动及地表、结构变形。

相关工程磨桩参数　　　　表 4.3-1

案例	地质情况	推进速度（mm/min）	推力（kN）	扭矩（kN·m）	转速（r/min）
苏州	粉细砂、黏土	1	10848	1824	0.8
宁波	粉质黏土、黏土	3~5	12111	1798	0.8
杭州	粉砂夹砂质粉土、砂质粉土、淤泥质粉质黏土	1~2	13000~18000	2500~3500	1.2~1.5
以色列	—	3~5	—	3024~4627	1.1~1.14

(4)辅助掘进参数控制

辅助掘进参数围绕磨桩过程同步注浆、二次注浆、盾尾密封、渣土改良等方面,针对磨桩工况提出控制标准。

同步注浆与磨桩推进同步进行,填充盾尾空隙。同步注浆量理论值见式(4-2)。

$$Q = 0.25\pi(D^2 - D_S^2)L \tag{4-2}$$

式中:Q——每环管片建筑空隙,理论注浆量;

D——刀盘开挖直径;

D_S——管片外径;

L——管片宽度。

同步浆液为惰性浆液,磨桩期间,同步注浆量控制在每环 4.3~5.4m³(取 120%~150%),注浆压力 0.25~0.30MPa。二次注浆为水泥-硅酸钠,浆液配比 1:1,注浆量不大于 2m³,注浆压力不大于 0.35MPa;二次注浆位置为盾尾后 7~10 环,每 3 环一注,注浆点位为 1 点位或 15 点位交错进行,提高同步注浆效果及管片背后土体密度。

盾尾密封方面,受推进速度影响,磨桩期间油脂消耗量显著升高。为保证密封效果,密封油脂需持续填充盾尾刷形成的密封腔室。正常推进时,推速为 40~50mm/min,4~5 环消耗一桶油脂(250kg),每延米消耗 46.33kg;磨桩时,推速约 5mm/min,整环耗时约 240min,每延米消耗油脂 370kg,为正常推进时的 8 倍。因此,磨桩前需做好油脂的储备工作。

渣土改良方面,软流塑地层以④₃粉质黏土夹粉土和⑤₂粉质黏土为主。渣土改良选用泡沫剂,提高渣土流塑性,防止黏土糊刀盘、结泥饼。泡沫剂同时有利于刀具冷却,减小刀盘刀具损坏。磨桩过程中,泡沫剂浓度 3%~4%,膨胀率 15%,注入率 20%~35%。

3. 可行性分析

通过分析苏州、宁波、杭州等地的成功磨桩经验,结合绍兴地区软流塑地层实际情况,进行方案设计。首先,国内外地铁项目中,遭遇盾构下穿、侧穿建筑结构时,MJS 工法是广泛用于建(构)筑物加固作业的成熟工法,特别适用于上海软土等软弱地层加固。其次,基于既有磨桩工程经验,推进速度控制为不超过 5mm/min,刀盘转速围绕 0.8r/min,使盾构机对桩体形成稳定切削,减小钢筋缠刀盘风险。此外,相关案例表明[3-4],撕裂刀对钢筋混凝土桩基的破坏效果较好,钢筋受冲剪作用后易形成短截断裂钢筋,便于螺旋机输运,故刀盘配刀以撕裂刀为主。

因此,围绕软流塑地层特点,基于国内外磨桩工程的成功经验,进行桩基加固、掘进参数控制及刀具选择、相关控制措施的开展,为实现软流塑地层盾构连续切削穿越 47 根大直径钢筋混凝土桩群奠定基础。

4.3.2 右线切削 6 排 8 根钢筋混凝土桩基过程记录

镜湖站—后墅路站盾构区间右线 369~524 环,共 155 环(约 186m)下穿通道市行政中心三个地下通道,共 22 根桩基侵入隧道(工程桩 8 根,围护桩 22 根),沿盾构掘进方向设置 8 个磨桩断面。其中,工程桩 8 根全断面侵入,为直径 1m 钢筋混凝土工程桩。主筋 18 根 HRB400 型钢,直径 25mm;箍筋为直径 10mm 的光圆钢筋;混凝土等级 C30。工程桩编号沿磨桩断面设置为 Y1、Y2、Y4-1、Y4-2、Y5-1、Y5-2、Y7、Y8,桩基与右线隧道关系如图 4.3-1 所示。

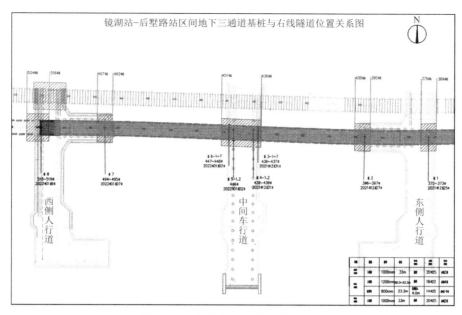

图 4.3-1　右线隧道与桩基位置关系

1. 切削 Y1 号桩基情况

Y1 号桩基位置：掘进第 366 环千斤顶行程约为 1473mm 时开始切削，掘进 367 环至千斤顶行程约为 1273mm 时，Y1 号工程桩磨桩完成。

（1）推速推力

如图 4.3-2 所示，磨桩时，盾构推力围绕 8000~9000kN 波动，平均推力 8350kN，最大推力 9106kN，平均推速 5mm/min。Y1 切削过程涉及管片拼装，管片拼装前推力呈减小趋势，推进速度存在一定波动，拼装完毕后推力及推速均恢复平稳。

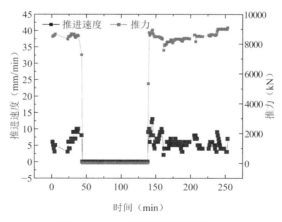

图 4.3-2　Y1 号推进速度及推力

（2）转速扭矩

Y1 切削过程中控制刀盘转速，管片拼装前，刀盘转速约为 1.0r/min，拼装结束后转速围绕 0.8~0.9r/min 波动。扭矩的波动较为明显，受桩体钢筋及混凝土影响，最大扭矩超过 2000kN·m，最小扭矩不足 1000kN·m，平均扭矩 1592kN·m，如图 4.3-3 所示。

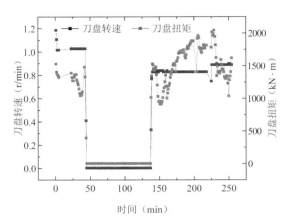

图 4.3-3　Y1 号刀盘转速及扭矩

(3) 土压控制

图 4.3-4 刀盘上土压力随磨桩时间的波动过程，土压力基本控制在 2.0～2.1bar。根据软流塑地层特点和隧道埋深情况，土压力维持 2.0bar 附近，可满足开挖面的稳定要求。

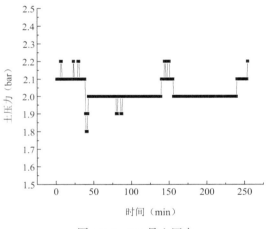

图 4.3-4　Y1 号土压力

2. 切削 Y2 号桩基情况

Y2 号桩基位置：390～391 环。掘进第 390 环千斤顶行程约为 1657mm 时，开始切削；掘进第 391 环千斤顶行程约为 1457mm 时，Y2 号工程桩磨桩完成。

(1) 推速推力

Y2 号桩基切削过程，盾构推力围绕 8000～10000kN 波动，平均推力 8761kN，最大推力 10325kN。管片拼装前推力围绕 9500kN 波动，拼装结束后推力呈减小趋势，于 8000kN 达到稳定。磨桩过程中，推进速度存在一定波动，平均推进速度为 6.36mm/min，如图 4.3-5 所示。

(2) 转速扭矩

管片拼装前，刀盘转速趋于 1.05r/min，拼装结束后转速围绕 1.0r/min 波动，平均转速 1.03r/min。扭矩的波动较为明显，最大扭矩为 1741kN·m，最小扭矩接近 1000kN·m，平均扭矩 1340kN·m，如图 4.3-6 所示。

第4章 盾构切削大直径钢筋混凝土群桩技术研究

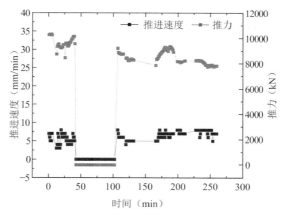

图 4.3-5　Y2 号推进速度及推力

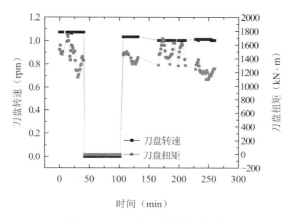

图 4.3-6　Y2 号刀盘转速及扭矩

（3）土压控制

图 4.3-7 为 Y2 号桩基切削过程土压力控制值。磨桩过程土压力维持在 1.9～2.0bar，管片拼装过程土压力维持在 2.2bar。

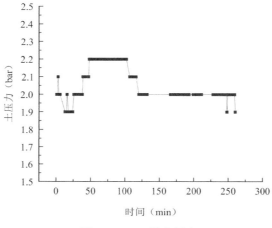

图 4.3-7　Y2 号土压力

3. 同时切削 Y4-1 和 Y4-2 号桩基情况

Y4 号桩基位置：432～433 环。掘进第 432 环千斤顶行程约为 1565mm 时，开始切削；掘进第 433 环千斤顶行程约为 1565mm 时，Y4 号工程桩磨桩完成，历时 5 小时 44 分。

（1）推速推力

Y4-1 和 Y4-2 号桩基切削过程，盾构推力围绕 8000～9000kN 波动，平均推力 8297kN，最大推力 9280kN。管片拼装前推力围绕 9000kN 波动，拼装结束后推力减小，围绕 8000kN 切削桩体。磨桩过程中，推进速度基本低于 5mm/min，平均推进速度为 4.21mm/min，见图 4.3-8。

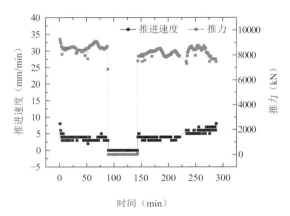

图 4.3-8 Y4 号-1 和 Y4 号-2 推进速度及推力

（2）转速扭矩

Y4-1 和 Y4-2 磨桩过程，刀盘转速趋于 0.86r/min，数值波动较小。扭矩的波动较为明显，最大扭矩为 1903kN·m，磨桩时，扭矩整体大于 1000kN·m，平均扭矩 1347kN·m，如图 4.3-9 所示。

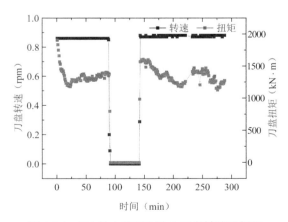

图 4.3-9 Y4 号-1 和 Y4 号-2 刀盘转速及扭矩

（3）土压控制

图 4.3-10 为 Y4-1 和 Y4-2 桩基切削过程土压力控制值。磨桩过程土压力维持在 1.9～

2.0bar，管片拼装过程土压力维持在 1.9bar。磨桩后期，土压力波动较明显，为 1.7~2.1bar。

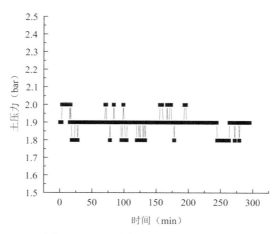

图 4.3-10　Y4 号-1 和 Y4 号-2 土压力

4. 同时切削 Y5-1 和 Y5-2 号桩基情况

Y5-1 号桩基位置：440~441 环。掘进第 440 环千斤顶行程约为 956mm 时开始切削，掘进第 441 环千斤顶行程约为 956mm 时，Y5-1 号工程桩磨桩完成，历时 5h。

（1）推速推力

Y5-1 和 Y5-2 号桩基切削过程，盾构推力围绕 9000~10000kN 波动，平均推力 8986kN，最大推力 9854kN。管片拼装前推力围绕 9000kN 波动，拼装结束后趋于磨桩完成，推力减小，盾构围绕 8000kN 切削桩体。磨桩过程中，推进速度基本围绕 4mm/min，平均推进速度为 4.05mm/min，见图 4.3-11。

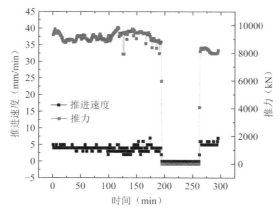

图 4.3-11　Y5 号-1 和 Y5 号-2 推进速度及推力

（2）转速扭矩

盾构磨桩过程，刀盘转速为 0.80~0.86r/min，整体数值波动较小，平均转速 0.84r/min。扭矩的波动较为明显，最大扭矩为 1905kN·m，磨桩时，扭矩整体大于 1000kN·m，并围绕 1500kN·m 波动，平均扭矩 1504kN·m，见图 4.3-12。

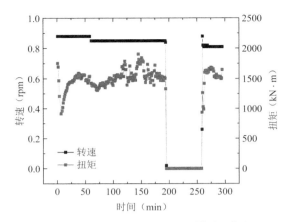

图 4.3-12　Y5 号-1 和 Y5 号-2 转速及扭矩

（3）土压控制

图 4.3-13 为 Y5-1 和 Y5-2 桩基切削过程土压力控制值。磨桩过程土压力维持在 1.8～2.0bar，管片拼装过程，掌子面土压力稳定维持在 1.9bar。

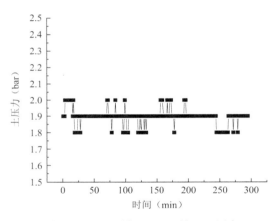

图 4.3-13　Y5 号-1 和 Y5 号-2 土压力

5. 切削 Y7 号桩基情况

Y7 号桩基位置：488～489 环。掘进第 488 环千斤顶行程约为 1635mm 时开始切削，掘进第 489 环千斤顶行程约为 1435mm 时，Y7 号工程桩磨桩完成，历时 5 小时 25 分。

（1）推速推力

Y7 号桩基切削过程，盾构推力围绕 10000～12000kN 波动，平均推力 11086kN，最大推力 12377kN。管片拼装前推力围绕 11000～12000kN 波动，拼装结束后，盾构推力围绕 11000kN 切削桩体。磨桩过程中，平均推进速度为 4.98mm/min，见图 4.3-14。

（2）转速扭矩

盾构磨桩过程，平均刀盘转速为 0.84r/min，数值稳定。扭矩的波动较为明显，最大扭矩为 2043kN·m，磨桩时，扭矩整体大于 1000kN·m，并围绕 1500kN·m 波动，平均扭矩 1479kN·m，见图 4.3-15。

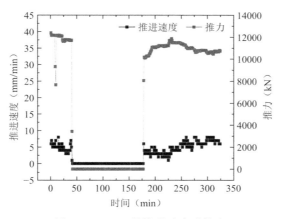

图 4.3-14　Y7 号推进速度及推力

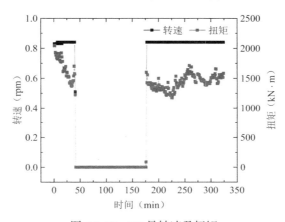

图 4.3-15　Y7 号转速及扭矩

（3）土压控制

图 4.3-16 为 Y7 号桩基切削过程土压力控制值。磨桩过程土压力维持在 2.1bar。由于当日掘进至钢管片环后，出现盾尾漏水漏浆问题，由泡沫剂建立的虚压持续减小，最终稳定为地层土体的 1.5bar 实压。抢险工作完成后，土压力迅速升高，保压恢复至 2.1bar 后，继续磨桩掘进。

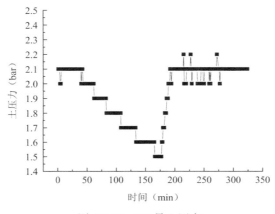

图 4.3-16　Y7 号土压力

6. 切削 Y8 桩基情况

Y8 号桩基位置：512～513 环。掘进第 512 环千斤顶行程约为 1711mm 时开始切削，掘进第 513 环千斤顶行程约为 1511mm 时，Y8 号工程桩磨桩完成，历时 5 小时 5 分。

（1）推速推力

Y8 号桩基切削过程，盾构推力围绕 8000～11000kN 波动，平均推力 9222kN，最大推力 10474kN。管片拼装前推力围绕 9000～11000kN 波动，拼装结束后，盾构推力围绕 9000kN 切削桩体。磨桩过程中，平均推进速度为 5.34mm/min，见图 4.3-17。

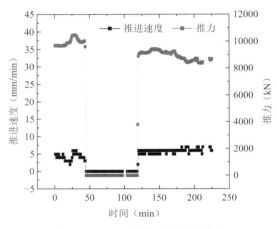

图 4.3-17 Y8 号推进速度及推力

（2）转速扭矩

盾构磨桩过程，平均刀盘转速为 0.85r/min，数值稳定。扭矩围绕 1200～1600kN·m 波动，最大扭矩为 1689kN·m，磨桩时，扭矩整体大于 1100kN·m，并围绕 1400kN·m 变化，平均扭矩 1447kN·m，见图 4.3-18。

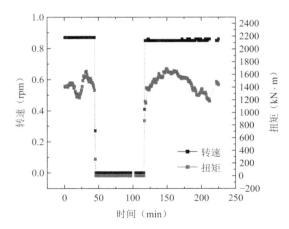

图 4.3-18 Y8 号转速及扭矩

（3）土压控制

图 4.3-19 为 Y8 号桩基切削过程土压力控制值。磨桩过程土压力维持在 2.0～2.1bar，管片拼装过程，掌子面土压力稳定维持在 2.0bar。

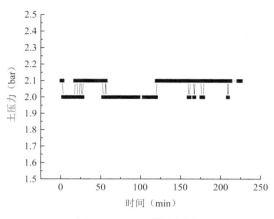

图 4.3-19　Y8 号土压力

4.3.3　左线切削 6 排 10 根钢筋混凝土桩基过程记录

镜湖站—后墅路站盾构区间左线 371～523 环，共 152 环（约 182.4m）下穿通道市行政中心三个地下通道，共 25 根桩基侵入隧道（工程桩 10 根，围护桩 15 根），沿盾构掘进方向设置 8 个磨桩断面。其中，工程桩 10 根全断面侵入，为直径 1m 钢筋混凝土工程桩。主筋 18 根 HRB400 型钢，直径 25mm；箍筋为直径 10mm 的光圆钢筋；混凝土等级 C30。工程桩编号沿磨桩断面设置为 Z1-1、Z1-2、Z2-1、Z2-2、Z4、Z5、Z7-1、Z7-2、Z8-1、Z8-2，桩基与左线隧道关系如图 4.3-20 所示。

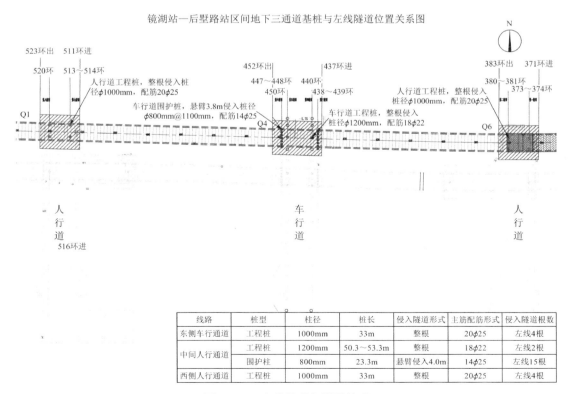

线路	桩型	桩径	桩长	侵入隧道形式	主筋配筋形式	侵入隧道根数
东侧车行通道	工程桩	1000mm	33m	整根	20φ25	左线4根
中间人行通道	工程桩	1200mm	50.3～53.3m	整根	18φ22	左线2根
中间人行通道	围护桩	800mm	23.3m	悬臂侵入4.0m	14φ25	左线15根
西侧人行通道	工程桩	1000mm	33m	整根	20φ25	左线4根

图 4.3-20　左线桩基与隧道关系

1. 同时切削 Z1-1 和 Z1-2 桩基情况

Z1-1 和 Z1-2 桩基位置：367～368 环，历时 4 小时 20 分。

（1）推速推力

Z1-1 和 Z1-2 桩基切削过程，盾构推力围绕 8000～10000kN 波动，平均推力 9458.2kN，最大推力 10159.9kN。管片拼装前推力大于 8000kN，并随着磨桩时间的增加而增大；拼装结束后，盾构推力基本平稳，围绕 9000～10000kN 切削桩体。磨桩过程中，推进速度较为稳定，平均推速为 4.62mm/min，如图 4.3-21 所示。

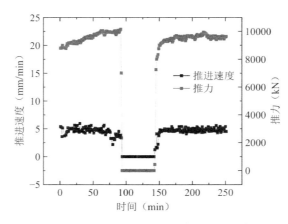

图 4.3-21　Z1 号-1 和 Z1 号-2 推进速度及推力

（2）转速扭矩

盾构磨桩过程，初始平均刀盘转速为 0.93r/min，扭矩波动明显，围绕 1700～2700kN·m 变化，最大扭矩为 2654.8kN·m。管片拼装结束后，刀盘扭矩仍呈增大趋势，为降低刀具磨损，减小刀盘转速至 0.8r/min，最终扭矩降至约 1300kN·m，如图 4.3-22 所示。

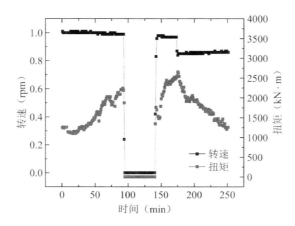

图 4.3-22　Z1 号-1 和 Z1 号-2 转速及扭矩

（3）土压控制

图 4.3-23 为 Z1 号桩基切削过程土压力控制值。磨桩过程及管片拼装过程，掌子面土

压力稳定维持在 2.0bar。

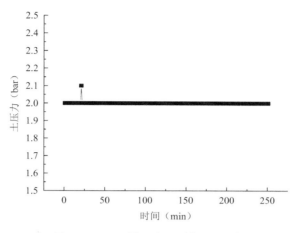

图 4.3-23　Z1 号-1 和 Z1 号-2 土压力

2. 切削 Z2-1 和 Z2-2 桩基情况

Z2-1 和 Z2-2 号桩基位置：373～374 环，历时 6 小时 05 分。

（1）推速推力

Z2-1 和 Z2-2 桩基切削过程，盾构推力围绕 9000～12000kN 波动，平均推力 10798.1kN，最大推力 11814.1kN。磨桩过程中，推进速度基本低于 5mm/min，平均推速 3.95mm/min，如图 4.3-24 所示。

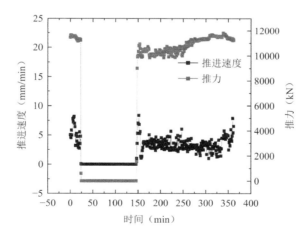

图 4.3-24　Z2 号-1 和 Z2 号-2 推进速度及推力

（2）转速扭矩

盾构磨桩过程，刀盘平均转速为 0.78r/min，数值稳定。磨桩后期，扭矩波动明显，管片拼装结束后，扭矩呈增大趋势，最大值为 3456kN·m，如图 4.3-25 所示。

（3）土压控制

图 4.3-26 为 Z2-1、Z2-2 桩基切削过程土压力控制值。磨桩过程土压力为 1.8～2.2bar，平均土压力 2.0bar。

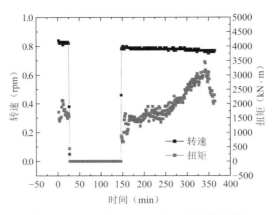

图 4.3-25　Z2 号-1 和 Z2 号-2 转速及扭矩

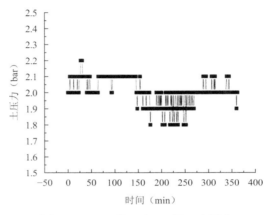

图 4.3-26　Z2 号-1 和 Z2 号-2 土压力

3. 切削 Z4 号桩基情况

Z4 号桩基位置：433～434 环，历时 4 小时 13 分。

（1）推速推力

Z4 号桩基切削过程，盾构推力超过 10000kN，平均推力 10926.1kN，最大推力 12294.8kN。磨桩过程中，推进速度波动明显，平均推速 6.13mm/min，如图 4.3-27 所示。

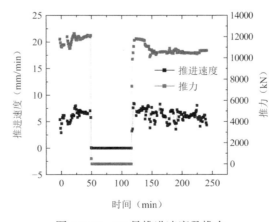

图 4.3-27　Z4 号推进速度及推力

（2）转速扭矩

盾构磨桩过程，刀盘平均转速为1.05r/min，数值稳定。管片拼装前，扭矩波动显著，最大值2339.1kN·m，管片拼装结束后，扭矩波动相对稳定，平均值1854kN·m，见图4.3-28。

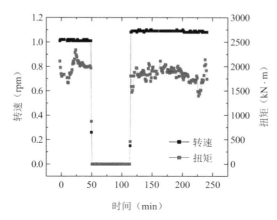

图4.3-28　Z4号转速及扭矩

（3）土压控制

图4.3-29为Z4号桩基切削过程土压力控制值。磨桩过程土压力为1.8～2.2bar；管片拼装过程清理431～432环卡住螺旋机的钢筋，虚土压逸散，降至1.75bar。清理工作结束后进行保压和磨桩工作，土压力恢复至1.8～2.1bar。

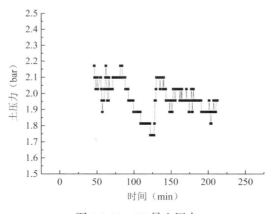

图4.3-29　Z4号土压力

4. 切削Z5号桩基情况

Z5号桩基位置：441环，历时5小时40分。

（1）推速推力

Z5号桩基切削过程，盾构推力基本超过11000kN，平均推力11524kN，最大推力12414.6kN。磨桩过程中，推进速度围绕5mm/min波动，平均推速5.67mm/min，见图4.3-30。

（2）转速扭矩

盾构磨桩过程，刀盘平均转速为0.93r/min，数值波动明显，转速与扭矩呈显著相关，扭矩随转速的提升而逐渐增大。管片拼装前，扭矩波动显著，由约600kN·m增至约2400kN·m，最大值2436.6kN·m，管片拼装结束后，桩基本切削完成，扭矩最终下降至约 1500kN·m，如图 4.3-31 所示。

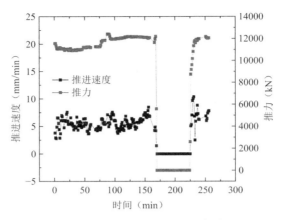

图 4.3-30　Z5 号推进速度及推力

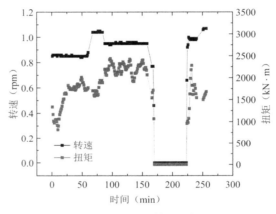

图 4.3-31　Z5 号转速及扭矩

（3）土压控制

图 4.3-32 为 Z5 号桩基切削过程土压力控制值。磨桩过程土压力为 1.9～2.5bar，波动较显著。

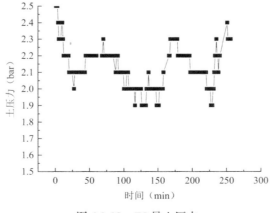

图 4.3-32　Z5 号土压力

5. 切削 Z7-1 和 Z7-2 桩基情况

Z7-1、Z7-2 桩基位置：507～508 环，历时 7 小时 18 分。

（1）推速推力

Z7-1、Z7-2 桩基切削过程，盾构推力围绕 10000～14000kN 波动，平均推力 11834.1kN，最大推力 13392.7kN。磨桩过程中，推进速度围绕 5mm/min 波动，平均推速 4.03mm/min，如图 4.3-33 所示。

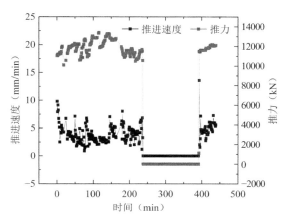

图 4.3-33　Z7 号-1 和 Z7 号-2 推进速度及推力

（2）转速扭矩

管片拼装前，刀盘平均转速为 0.87r/min，转速波动相对稳定，扭矩波动显著，由约 800kN·m 增至 3760.9kN·m；管片拼装结束后，桩基基本切削完成，扭矩最终平稳至约 2500kN·m；磨桩过程平均扭矩 2295.4kN·m，如图 4.3-34 所示。

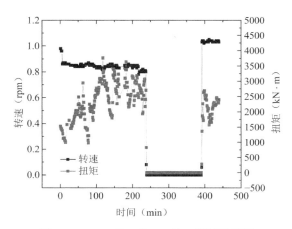

图 4.3-34　Z7 号-1 和 Z7 号-2 转速及扭矩

（3）土压控制

图 4.3-35 为 Z7-1、Z7-2 桩基切削过程土压力控制值。磨桩过程土压力为 1.7～2.5bar，波动较大，管片拼装环节耗时较长，加之清理螺旋机钢筋，土压力缓慢降至 1.7bar 后，于 2.1bar 达到稳定。

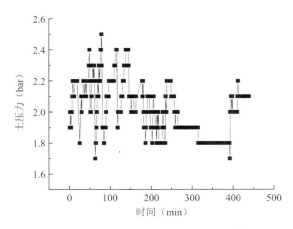

图 4.3-35　Z7 号-1 和 Z7 号-2 土压力

6. 切削 Z8-1 和 Z8-2 号桩基情况

Z8-1、Z8-2 号桩基位置：513～514 环，历时 4 小时 45 分。

（1）推进速度推力

Z8-1、Z8-2 号桩基切削过程，盾构推力围绕 10000～13000kN 波动，平均推力 11358.1kN，最大推力 12226kN。磨桩过程中，推进速度围绕 5mm/min 波动，平均推速 4.68mm/min，如图 4.3-36 所示。

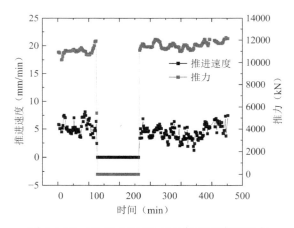

图 4.3-36　Z8 号-1 和 Z8 号-2 推进速度及推力

（2）转速扭矩

管片拼装前，刀盘转速波动显著，为 0.85～1.05r/min，扭矩由 1300kN·m 增至 2500kN·m 后达到峰值，并于管片拼装前降至 1500kN·m；管片拼装结束后，转速基本平稳，约为 0.9r/min，扭矩增至约 3000kN·m 后，磨桩结束。磨桩过程中，整体平均扭矩为 2386.1kN·m，最大扭矩 3247.2kN·m，具体详见图 4.3-37。

（3）土压控制

图 4.3-38 为 Z8-1、Z8-2 号桩基切削过程土压力控制值。磨桩过程土压力多为 1.8～2.0bar，波动相对稳定。

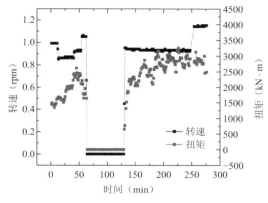

图 4.3-37　Z8 号-1 和 Z8 号-2 转速及扭矩

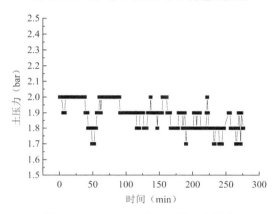

图 4.3-38　Z8 号-1 和 Z8 号-2 土压力

4.3.4　掘进过程推力扭矩变化规律

1. 右线掘进过程推力变化规律

图 4.3-39 为右线磨桩过程中盾构推力值，各断面盾构推力呈线性增长趋势。第一断面平均推力 8480kN，只切削一根桩基；第四、五断面同时切削两根桩基，推力分别为 8297kN 和 8986kN。掘进至第七、八断面后，单根桩基切削推力分别为 11086kN 和 9222kN，切削的桩基数量对推力影响较小。

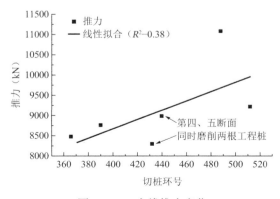

图 4.3-39　右线推力变化

2. 左线掘进过程推力变化规律

图 4.3-40 为左线桩基切削过程盾构推力平均值。左线第一断面切削时，平均推力低于 9500kN，开始切削第二断面后，推力基本超过 10000kN 并保持稳定。此外，盾构磨桩前进行了桩周 MJS 加固，第三～六断面位于同一个大型加固区（沿纵深方向约 18m），故切削四、五断面时的盾构推力仍可达到 11000～11500kN。隧道埋深同样影响着盾构推力，隧道纵断面为 V 形坡设计，第三～八断面桩基位置约低于第一、二断面 2m，土压力升高同样影响盾构推力。

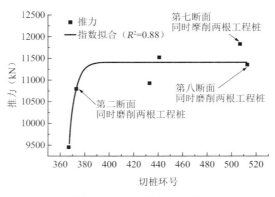

图 4.3-40　左线推力变化

3. 右线掘进过程扭矩变化规律

右线六个断面的磨桩过程，扭矩基本保持稳定，扭矩平均值 1438kN·m，见图 4.3-41。

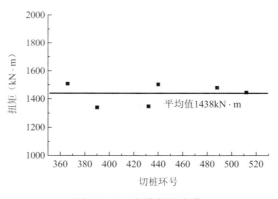

图 4.3-41　右线扭矩变化

4. 左线掘进过程扭矩变化规律

左线工程桩切削过程，刀盘扭矩呈线性增长趋势。刀盘扭矩的增大，既受断面中桩基数量影响，同时受刀盘钢筋缠绕影响。断面中桩基数量的增多，使撕裂刀需切削的钢筋和混凝土数量增多，增大了贯入难度，同时使刀具更易产生损伤，进一步影响桩基切削效果并增大扭矩。随着磨桩作业的进行，刀盘累积缠绕的钢筋增多，同样使扭矩升高，见图 4.3-42。

5. 推力扭矩变化原因分析

磨桩过程严格控制推进速度为 5mm/min，转速围绕 1r/min 波动。并基于左右线推力扭矩分析结果，得出以下结论：

（1）MJS加固范围对盾构推力存在一定影响；

（2）开挖面地层深度影响掌子面土压力和土仓压力，进一步影响掘进推力；

（3）开挖面桩基数量对推力影响较小；

（4）钢筋缠绕刀盘易造成扭矩过大；

（5）开挖面桩基数量越多，待切削钢筋和混凝土数量越多，将导致扭矩增大；

（6）桩基切削后期，刀具损伤显著，影响桩基切削效果并导致扭矩增大。

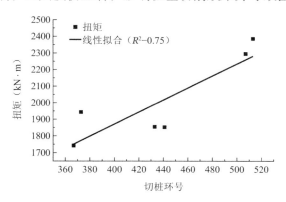

图 4.3-42　左线扭矩变化

4.3.5　地表沉降及建（构）筑物变形规律

本节以右线为例，分析围护桩和工程桩切削时对地表及结构的变形影响。

1. 地表沉降规律分析

根据《城市轨道交通工程监测技术规范》GB 50911—2013[35]，绍兴磨桩工程监测等级为二级，地表沉降控制值25～35mm，隆起控制值10mm。工程桩及围护桩磨桩期间地表位移如图4.3-43和图4.3-44所示。第二、四断面工程桩切削时，平均地表沉降约1.5mm。围护桩切削期间，地表变形围绕±0.5mm波动，部分点位隆起1mm，位移变化稳定，地表沉降控制效果较好。

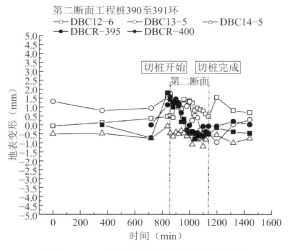

图 4.3-43　右线第二断面切削地表变形

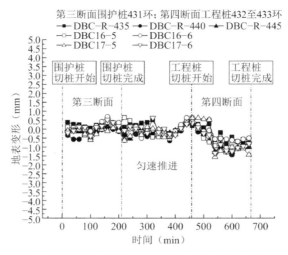

图 4.3-44 右线第三、四断面切削地表变形

2. 地面风亭变形规律分析

左线里程约 XK22+467.914～XK22+482.839 区段（长度约 15m）线路下穿镜湖站附属结构 5 号风亭，影响区域为 793～805 环，如图 4.3-45 所示。5 号风亭目前主体结构已施工完成，围护结构采用 SMW 工法桩，内插型钢，工法桩型钢底标高 −19.863m，工法桩底标高 −20.863m，侵入隧道内。结构施工完成后逐一拔除工法桩内型钢，桩孔回填要求采用水泥掺量 10%的水泥土或不低于此标准的材料进行回填，回填土性状不得次于原状土，压实度不得低于 95%，并且确保不形成渗水通道，渗透系数需小于 1×10^{-7}cm/s。区间隧道与镜湖站 5 号风亭底板最小垂直净距 5.7m，与 5 号风亭减沉桩的最小水平净距约 1.3m。盾构穿越 5 号风亭区段地质条件为④$_3$粉质黏土夹粉土层与⑤$_2$粉质黏土层，如图 4.3-46 和图 4.3-47 所示。

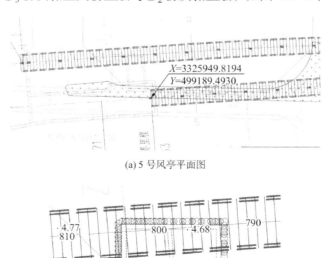

(a) 5 号风亭平面图

(b) 型钢位置

第 4 章 盾构切削大直径钢筋混凝土群桩技术研究

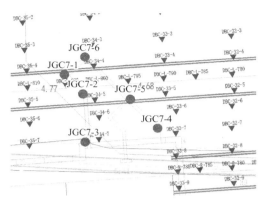

(c) 测点位置

图 4.3-45 5 号风亭平面关系

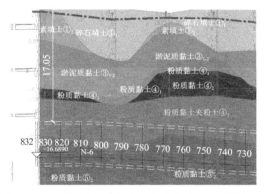

图 4.3-46 5 号风亭及左线盾构接收段地质纵断面图

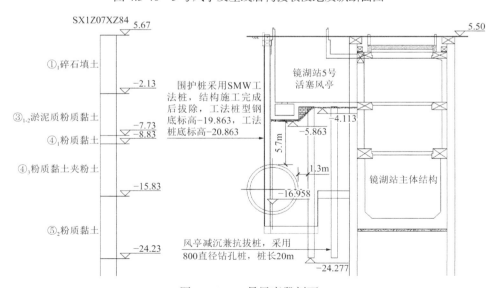

图 4.3-47 5 号风亭段剖面

盾构掘进区间施工参数设定如下：
（1）掘进速度：30~50mm/min；
（2）总推力：≤20000kN；

（3）刀盘扭矩：≤2500kN·m；
（4）刀盘转速：1.0～1.2r/min；
（5）上部土仓压力：0.18MPa；
（6）每环出土量：48±1m³；
（7）同步注浆：注浆量4～4.2m³/环，注浆压力：0.2～0.25MPa。

4月15日盾构机进入5号风亭影响区，4月18日通过5号风亭影响区，图4.3-48为5号风亭盾构测点变形情况，盾构穿越期间5号风亭最大隆起3.5mm，结构无沉降。穿越结束后，于4月23日达到最大隆起值5mm，此时刀盘位于828环，随后5号风亭进入沉降期，各测点约沉降2mm，见图4.3-48。

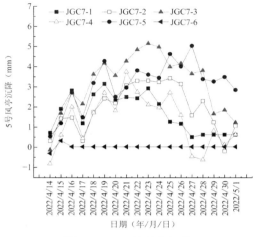

图4.3-48　5号风亭沉降

3. 地下通道变形规律分析

根据《城市轨道交通工程监测技术规范》GB 50911—2013规定，取结构沉降控制值为10～30mm。图4.3-49与图4.3-50为结构位移监测结果，结构整体变形较小，水平及竖向位移均低于±2mm。东侧人行通道整体呈上浮趋势，地表位移存在隆起，切削开始后，受磨桩扰动，结构位移随地表同步沉降，沉降约1.0mm。磨桩完成后，最终上浮量趋于0.5mm。水平位移整体保持稳定，围绕1.0mm波动变化。

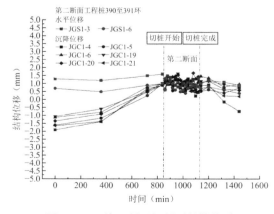

图4.3-49　第二断面切削时结构位移

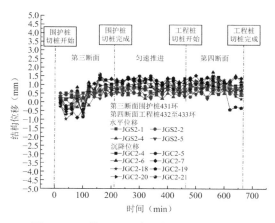

图 4.3-50 第三、四断面切削时结构位移

4.3.6 管片变形规律

1. 管片沉降变化规律

表 4.3-2 为右线三个磨桩断面中，桩下管片的沉降控制结果。第一次复测为管片脱出盾尾后的次日监测数据，随后每隔 1d 进行一次复测。三个断面的管片垂直姿态偏差均未超过 40mm，管片沉降控制良好。

管片沉降规律　　　　　　表 4.3-2

ΔS（mm）	第二断面工程桩		第三断面围护桩		第四断面工程桩	
环号	396	397	436	437	438	439
第一次复测	33.3	29.3	18.8	19.3	19.2	21.1
第二次复测	36.4	33.8	19	18	16	13
第三次复测	39.3	—	—	22.1	20.9	19.7
第四次复测	36.2	33.6	—	—	—	—

2. 管片收敛变化规律

磨桩完成后，对桩下管片的竖向及横向收敛情况进行监测。每 10 环管片监测一组收敛数据，监测频率为 2d 一测，表 4.3-3 为断面桩基下部的管片环号及监测环号。监测项目控制值如下：拱顶、拱底及横向收敛变化速率控制值为±2mm/d，拱顶竖向收敛累积值±10mm，拱底竖向收敛累积值±20mm，横向收敛累积值±10mm。

管片沉降规律　　　　　　表 4.3-3

	第一断面	第二断面	第三断面	第四断面	第五断面	第六断面	第七断面	第八断面
左线	374	380	438	440	447、448	450	513、514	520
左线监测环号	370	380	440		450		510、520	
右线	372、373	396、397	437	438、439	446	448	494、495	518、519
右线监测环号	370	390、400	430、440		450		490、500	520

（1）左线收敛规律

图 4.3-51 为左线管片拱顶收敛累积值，桩基附近管片的拱顶收敛速率未超过 2mm/d，最大累积拱顶收敛位移为 0.75mm 和−2mm，未超过累积拱顶收敛预警值，370 环和 380 环经 13d 拱顶收敛稳定，440 环和 450 环经 7d 完成拱顶收敛，510 环和 512 环经 11d 完成拱顶收敛。

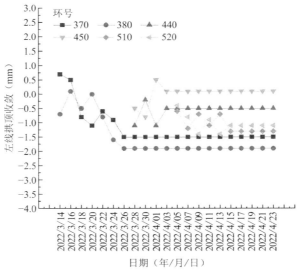

图 4.3-51　左线管片拱顶收敛

图 4.3-52 为左线管片拱底收敛累积值，桩基附近管片的拱底收敛速率约为 1.5mm/d，未超过 2mm/d，最大累积收敛位移为 3mm 和−3mm，未超过累积收敛预警值 10mm，370 环和 380 环约经 9d 拱底收敛稳定，440 环和 450 环经 9d 完成拱底收敛，510 环和 512 环经 11d 完成拱底收敛。

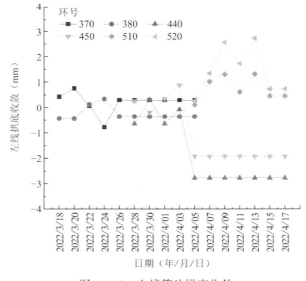

图 4.3-52　左线管片拱底收敛

图 4.3-53 为左线管片横向收敛累积值，桩基附近管片的横向收敛速率约为 1mm/d，未超过 2mm/d，最大累积横向收敛位移为 1.5mm 和－2.5mm，未超过累积横向收敛预警值 10mm，370 环和 380 环约经 15d 横向收敛稳定，440 环和 450 环经 7d 完成横向收敛，510 环和 512 环经 11d 完成横向收敛。

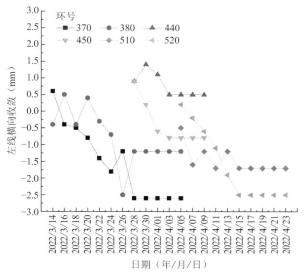

图 4.3-53　左线管片横向收敛

（2）右线收敛规律

图 4.3-54 为右线管片拱顶收敛累积值，桩基附近管片的最大拱顶收敛速率 0.5mm/d，未超过 2mm/d，最大累积拱顶收敛位移为－3.5mm 和 1mm，未超过累积拱顶收敛预警值，370 环、390 环约经 21d 拱顶收敛稳定，400 环、430 环、440 环和 450 环经 35d 完成拱顶收敛，490 环、500 环和 520 环经 35d 完成拱顶收敛。

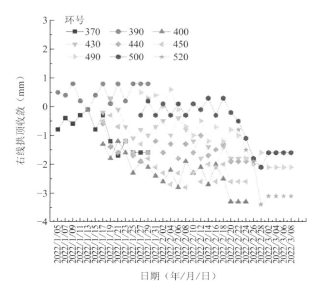

图 4.3-54　右线管片拱顶收敛

图4.3-55为右线管片拱底收敛累积值,桩基附近管片的最大拱底收敛速率0.5mm/d,未超过2mm/d,最大累积拱底收敛位移约为-2mm和4mm,未超过累积拱底收敛预警值,370环、390环约经17d拱底收敛稳定,400环、430环、440环和450环经45d完成拱底收敛,490环经35d完成拱底收敛,500环经41d完成拱底收敛,520环经3d完成拱底收敛。

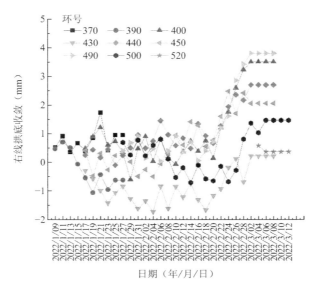

图4.3-55 右线管片拱底收敛

图4.3-56为右线管片横向收敛累积值,桩基附近管片的最大横向收敛速率约0.75mm/d,未超过2mm/d,最大累积横向收敛位移为-4mm和1.5mm,未超过累积横向收敛预警值,370环、390环约经21d横向收敛稳定,400环、430环、440环和450环经35d完成横向收敛,490环和500环经35d完成横向收敛,520环经15d完成横向收敛。

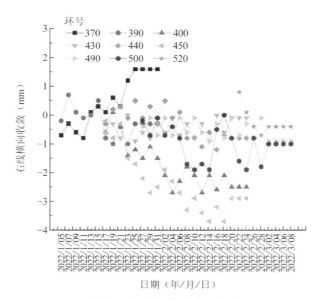

图4.3-56 右线管片横向收敛

3.管片错台、渗漏水统计

表 4.3-4 为 2022 年 5 月至 2022 年 7 月左右线渗漏水统计结果，表中左线 520 环为第八断面桩基所在位置，2022 年 6 月及 2022 年 7 月均存在渗漏情况，右线磨桩断面无渗漏水情况，见图 4.3-57。

左右线渗漏水统计　　　　　　　　　　　　　　　表 4.3-4

	左线管片渗漏水统计	右线管片渗漏水统计
2022.5	1 13 181 196 384 406 503 517 537 547 575 616 655 684 715 779 809 811 822 831	58 69 113 179 210 332 420 476 483 487 492 505 511 531
2022.6	1 4 5 13 13 14 34 35 181 196 257 258 319 364 365 383 384 384 410 428 429 431 503 517 519 520 537 547 575 616 655 684 715 779 779 809 809 811 811 822 822 823 831	15 58 67 69 69 82 86 92 109 113 121 122 133 161 162 163 177 179 203 254 255 275 294 332 359 389 420 476 483 487 492 505 511 525 531 570 594
2022.7	4 5 13 14 34 35 257 258 364 365 383 384 410 428 429 431 519 520 823 828	3 13 113 121 122 133 162 163 177 178 254 255 275 294

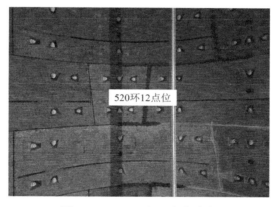

图 4.3-57　520 环 12 点位渗水

4.3.7　钢筋、混凝土切削效果及机理分析

1.钢筋切削效果及机理分析

表 4.3-5 为国内磨桩案例中，钢筋断面破坏形态的主要分类。基于已有案例，结合断面形态和筋体变形两方面，分析钢筋的破坏机理。

国内磨桩案例钢筋损伤分类　　　　　　　　　　　　　表 4.3-5

	桩径（m）	钢筋尺寸（mm）	钢筋损伤分类
袁大军[1]等	1.0~1.2	22~25	完全切断、主要切断、完全拉断、主要拉断
吴志峰[4]等	1.2	25	剪拉/剪弯断面、剪切断面
李宏波[24]等	1.2	25	剪拉破坏、剪切破坏、弯折拉压破坏、刮削破坏

本节以右线钢筋为主要分析对象。右线磨桩共排出钢筋约 40 根，共分为三类破坏：剪切-拉伸破坏（剪拉破坏）、弯曲-拉伸破坏（弯拉破坏）和纯剪切破坏（纯剪破坏），断面形

式分别如图 4.3-58～图 4.3-60 所示。

剪拉破坏在所有断面中占比最大，约占 47%。剪拉破坏属于较为理想的钢筋破坏形式，发挥了撕裂刀的切削功能。剪拉破坏断面由两部分组成，剪切断裂面和拉伸断裂面。钢筋受混凝土握裹力限制，经刀具剪切后产生剪切断裂面，并沿切削方向发生筋体位移，因此，筋体位移方向也可根据剪切断裂面中钢筋纤维方向判断。剪切口的出现，伴随两类断筋成因：首先，钢筋剪切口使钢筋在磨桩的复杂应力环境下，产生应力集中，发生筋体断裂；其次，钢筋剪切口的出现往往伴随着撕裂缝隙，如图 4.3-58 所示，筋体发生拉伸时，将沿钢筋撕裂缝隙破坏筋体，产生钢筋断面。伴随以上两类断裂成因，形成了拉伸断裂面，拉伸断裂面的截面特征与光滑且纤维形态明显的剪切断裂面不同，断面形式粗糙，纤维拉裂特征明显，可通过截面的纤维断裂走向和筋体变形判断拉伸断裂方向。

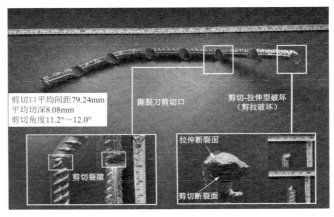

图 4.3-58　剪拉破坏钢筋

弯拉破坏形式占钢筋断面的 28%，弯拉断面系未发生剪切行为的钢筋拉断。弯拉断面端头处有明显的弯曲变形，断面粗糙，纤维拉裂特征明显，基本无纤维断裂走向。弯拉破坏的出现表明，桩体钢筋受刀盘刀具影响而变形拉断，对于以"切削"为原则的磨桩施工，属于非理想的作业状态，未发挥撕裂刀功能，易产生桩体变形和刀具磨耗，对上部桩体和建（构）筑物的影响较大，如图 4.3-59 所示。

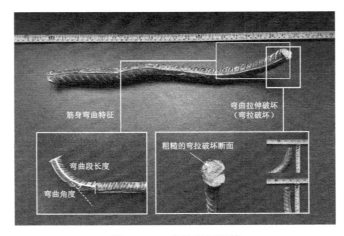

图 4.3-59　弯拉破坏钢筋

纯剪破坏断面占钢筋断面的 25%。纯剪破坏是最为理想的钢筋破坏形式，断面光滑，全断面纤维形态、剪切方向明显。纯剪断面是撕裂刀的功能完整发挥的体现，使钢筋完全切断，对上部桩体和建（构）筑物的扰动最小，如图 4.3-60 所示。

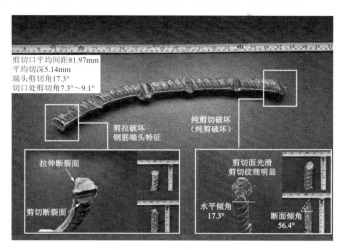

图 4.3-60　纯剪破坏钢筋

（1）剪拉破坏特征

经统计，剪拉破坏型断面中，约 36% 的钢筋长度 $L \leqslant 65\text{cm}$，可以由螺旋机输送出土仓（螺旋机叶片间距约 68cm）。因此，围绕剪切深度、钢筋长度和贯入度，分析剪拉破坏特征。

如图 4.3-61 所示，右线 8 个断面的平均贯入度为 4.65mm/r，约 56% 的钢筋经连续剪切 2 次后断裂，且其中 60% 的钢筋断裂长度位于 43～76cm；26% 的断筋为连续切削三次所致，其中 71% 的钢筋长度位于 55～93cm；仅切削一刀使钢筋发生剪拉破坏的占比最小，为 15%，断筋中 75% 的长度位于 106～148cm；剩余 3% 为特殊断面，如氧气乙炔切割断面等，图中不做统计。

由于剪拉破坏钢筋多受 2 次连续切削引起，钢筋剪切深度达 9.3mm 时易于受拉断裂，故磨桩前需加强桩体位移限制并遵守慢速推进原则，使刀具在筋体同一部位形成连续剪切。

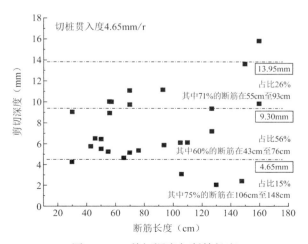

图 4.3-61　剪切深度与断筋长度

（2）弯拉破坏特征

弯拉破坏作为非理想型钢筋破坏形式，约71%的弯拉钢筋长度超过65cm，为螺旋机输排筋造成不便。本节从弯曲角度和弯曲段长度两方面对弯拉破坏特征进行分析。

图4.3-62中，弯曲段长度的增加，使断筋长度有减小趋势；弯曲角度越大，断筋长度越短。即钢筋的弯拉程度越大，弯拉影响范围越广，越易于产生短截钢筋（$L<65$cm）。

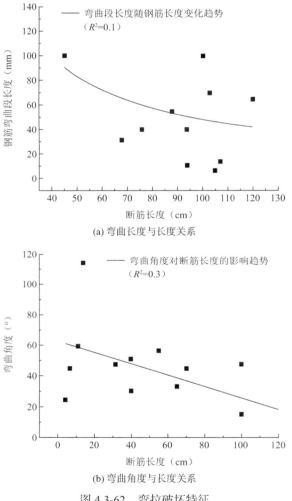

(a) 弯曲长度与长度关系

(b) 弯曲角度与长度关系

图4.3-62 弯拉破坏特征

（3）纯剪破坏特征

纯剪破坏虽属于最理想的钢筋破坏形式，但72%的钢筋长度超过65cm，影响螺旋机排筋。通过钢筋断面倾角和水平倾角，分析纯剪破坏特征。

图4.3-63（a）中，85%的钢筋断裂伴随着13°~24°的水平倾角；随着水平倾角的增大，断筋长度有增大趋势，特别对于断筋长度已超过120cm的筋体，水平倾角呈指数型增长；对于断面倾角，如图4.3-63（b）所示，56%的断筋发生在断面倾角为30°~60°，增大断面倾角有利于产生短截断筋。

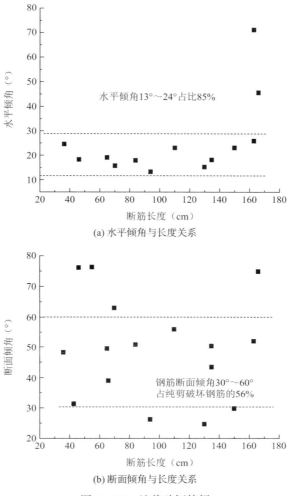

图 4.3-63 纯剪破坏特征

2. 混凝土切削效果及机理分析

从粒径级配角度分析刀具对混凝土和 MJS 加固体的切削效果。渣样收集自磨桩后 1~2 环渣土，由龙门式起重机吊出，随机取出约 0.3m³ 土样，将混凝土和 MJS 渣样清洗后，分析粒径级配。渣样实物如图 4.3-64、图 4.3-65 所示，粒径级配累积曲线见图 4.3-66。总质量中不计黏土质量，仅取混凝土或 MJS 渣块的总质量以讨论控制粒径 d_{60} 的变化规律。

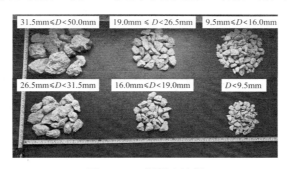

图 4.3-64 混凝土渣样

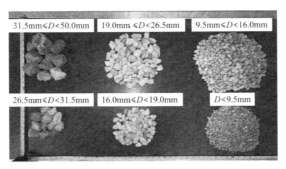

图 4.3-65　MJS 渣样

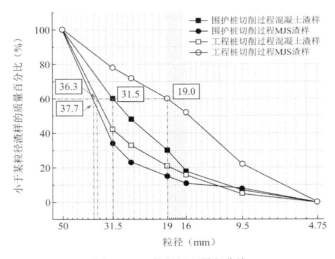

图 4.3-66　粒径级配累积曲线

第二断面工程桩混凝土的渣样半径约为桩周 MJS 加固体的 2 倍；第三断面围护桩混凝土渣样半径略小于桩周 MJS 加固体。混凝土渣样粒径整体大于 MJS 加固体，d_{60} 为 31.5~36.3mm，满足盾构机渣样输排要求，刀间距设计合理，对混凝土可形成有效切削。

4.3.8　小结

（1）MJS 加固区的建立，有利于磨桩过程限制桩体位移，降低结构扰动风险，加固范围控制在桩周、隧道顶部及底部 3m 内。

（2）"小扭矩、慢推速、低转速、调姿态、控超挖"作为磨桩控制原则，对桩体切削、地表位移控制、结构变形控制效果较好。

（3）基于"三区刀"和"三层刀"布设原则，撕裂刀对桩体混凝土和钢筋的切削效果较好，可形成易于排出螺旋机的短截钢筋。

（4）MJS 加固对桩基切削变形起到控制作用，且加固范围对盾构推力存在一定影响。

（5）开挖面地层深度影响掌子面土压力和土仓压力，进一步影响掘进推力。

（6）开挖面桩基数量对推力影响较小。

（7）钢筋缠绕刀盘易造成扭矩过大，开挖面桩基数量越多，待切削钢筋和混凝土数量越多，将导致扭矩增大。

（8）桩基切削后期，刀具损伤显著，影响桩基切削效果并导致扭矩增大。

（9）基于 MJS 预加固、磨桩原则控制和姿态控制，管片的变形和收敛控制较好，未超过规范临界值。

（10）混凝土渣样受刀具布置影响，控制粒径为 31.5～36.3mm，粒径尺寸满足螺旋机输排要求。

（11）钢筋损伤类型分为剪拉、弯拉和纯剪破坏三种形式，剪拉占比最大，断筋长度同样满足螺旋机输排要求。

4.4 盾构近距离穿越钢筋混凝土排桩施工技术

4.4.1 盾构近距离穿越排桩施工重难点

1. 工程背景

绍兴地铁 2 号线 2 标镜后区间右线盾构下穿至三通道东西侧爬坡段时，盾构需近距离侧穿东、西侧人行通道工程排桩。盾构从两侧人行通道工程排桩中间穿过，东侧近距离侧穿排桩段对应环号 378～394 环，西侧近距离侧穿排桩段对应环号 497～513 环，均在隧道两侧各近距离穿越 7 根工程桩。该工程排桩间距 4250～4500mm，桩径 1000mm。桩基混凝土等级 C30，主筋为 18 根直径 25mm 的 HRB400 型钢。侧穿桩基与隧道净距 60～70mm，最小净距 59.8mm。盾构侧穿两侧排桩时，需尽可能减小对周围土体扰动，将盾构对结构的影响降至最低，如图 4.4-1 所示。

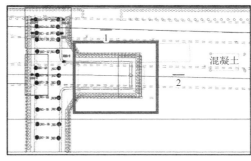

(a) 西侧穿桩平面图

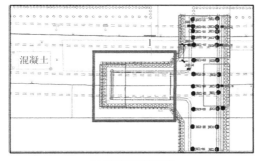

(b) 东侧穿桩平面图

图 4.4-1　近距离穿越排桩位置示意图

东侧近距离侧穿排桩段掘进时，隧道坡度为 27‰，西侧段掘进时，坡度接近 4.653‰。盾构隧道主要穿越的地层为⑤$_2$粉质黏土、④$_3$粉质黏土夹粉土，属于软流塑地层，工程性质较差。本区间盾构隧道距三通道结构底垂直距离自东向西依次为 10.2m、11m、12.6m，具体信息如图 4.4-2 所示。

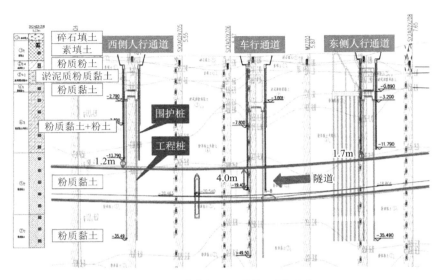

图 4.4-2　隧道与三通道位置剖面图

2. 盾构排桩间穿越重难点

（1）单侧桩基与隧道最小间距仅为 60mm，盾构过程中对土体产生的扰动能够快速传递到桩基，并且该影响由于传递距离短，产生的衰减小，故传递到桩基的影响较大。同时，因为隧道两侧都需侧穿工程排桩，应严格控制掘进参数，同时加强监测，确保盾构安全穿越排桩。

（2）侧穿排桩段盾构穿越地层⑤$_2$粉质黏土、④$_3$粉质黏土夹粉土，该地层土体属于软流塑地层，土体含水率高、压缩性强、抗剪强度低、工程性质差，易造成地层扰动。同时，桩基所在位置属于地层扰动影响 B、C 区[36]，易对上部结构造成影响，如图 4.4-3 所示。

（3）盾构侧穿工程排桩时，东段、西段都需进行爬坡，对掘进参数要求高，参数控制不当，不仅会影响盾构姿态，甚至将引起桩体位移，进而影响结构变形。

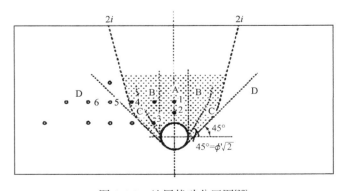

图 4.4-3　地层扰动分区图[37]

3. 盾构排桩间穿越参数设置

盾构近距离穿越排桩时，是复杂的"隧道-土-桩基"相互作用的问题，在盾构掘进近距离侧穿排桩时，土体作为介质将盾构施工的影响传递给桩基，使桩基受到扰动而产生相应的附加应力和变形。因此控制掘进参数，减小盾构施工时对周围土体的扰动是隧道施工中的关键。

在盾构掘进过程中，盾构对地层主要扰动作用是通过支护力、盾壳与地层的摩擦力以及刀盘的扭转作用，三者共同作用引起了地层的变形[37]。地层损失指盾构开挖土体体积与建成隧道之差。引起地层损失一大因素是同步注浆与二次注浆不能完全消除盾尾间隙。地层损失对盾构引起土层扰动有较大影响，如图4.4-4所示。

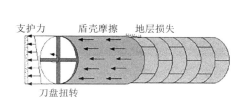

图4.4-4 盾构隧道施工引起的地层变形机理[36]

支护力指的是盾构开挖掌子面，盾构机对开挖面施加的推力用以维持掌子面的稳定。若盾构机推力过大，掌子面前方土体受到挤压会在地表产生一定隆起；若盾构机推力过小，掌子面会发生坍塌，造成地面塌陷。然而，盾构掘进中，土仓压力处于动态变化中，土体的切削、排出等因素都会引起土仓压力变化，因此，将盾构机推力控制在一定范围内尤为重要。

盾壳摩擦力是盾构掘进前进时，盾壳与地层发生相对位移随之产生的摩擦力，会引起周围土层变形，该部分影响不容忽视。因此，盾构机近距离侧穿排桩时，盾构机推速应严格控制在合理范围，以最大限度地减小对周围土体的扰动，减小对桩基的影响。

盾构机刀盘对土体的作用也是盾构掘进时引起地层扰动的原因之一。盾构刀盘在电机驱动下，刀盘面板及刀盘上的刀具对开挖面的作用相当于在开挖面产生一个扭矩，使土体受到扰动而发生地层变形。盾构扭矩因此成为近距离侧穿排桩盾构参数的重要组成部分，近距离穿排桩参数设置见表4.4-1。

近距离穿排桩参数设置　　　　　表4.4-1

盾构推力（kN）	8000～10000
盾构推速（mm/min）	距离桩基10m，控制在25～30；距离桩基2m，控制在10～15；贴近残留桩基础时，以2～5为宜
刀盘扭矩（kN·m）	≤2500
刀盘转速（r/min）	0.8～1.0

结合上述盾构参数对地层扰动的分析，将盾构参数设置为表4.4-1中的参数，使盾构对

地层造成最小扰动，最大限度减小对桩基影响。

4. 渣土改良技术

排桩穿越段需严格控制渣土改良效果，改良剂选择泡沫剂。一方面，渣土改良提高了黏土的流塑性，防止黏土糊刀盘、结泥饼；另一方面，泡沫剂同时有利于刀具冷却，减小刀盘刀具损坏。磨桩过程中，泡沫剂浓度3%～4%，膨胀率15%，注入率20%～35%，如图 4.4-5 所示。

图 4.4-5 泡沫喷射口

4.4.2 盾构侧穿爬坡段桩基础推力扭矩变化规律分析

1. 东侧爬坡段推力扭矩变化规律

盾构侧穿东侧人行通道排桩时，刀盘推力在 8750～10000kN 波动，最大推力 10802kN，最小推力 5282kN，扭矩均值为 8210kN·m。侧穿排桩过程中推力变化稳定，未出现推力突变情况，周围土体稳定，地表沉降也在规定范围内，见图 4.4-6。

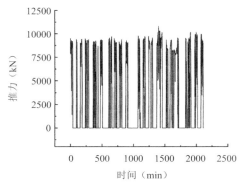

图 4.4-6 东侧爬坡段推力变化

刀盘扭矩前期围绕 1412kN·m 波动，因东侧磨削人行通道排桩属于下坡段，后期刀盘扭矩增加，扭矩最大值为 2843kN·m，东侧爬坡段扭矩变化见图 4.4-7。

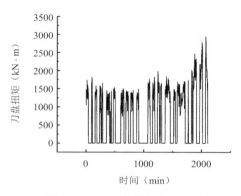

图 4.4-7　东侧爬坡段扭矩变化

2. 西侧爬坡段推力扭矩变化规律

盾构侧穿西侧人行通道排桩时，盾构机推力与侧穿东侧人行通道排桩时相似，整体围绕 9500～10000kN 波动，盾构机推力均值 9121kN，西侧爬坡段推力变化见图 4.4-8。

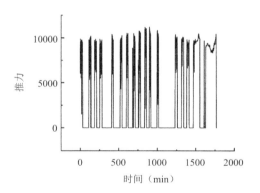

图 4.4-8　西侧爬坡段推力变化

盾构侧穿西侧人行通道排桩时，刀盘扭矩前期逐渐上升，均值为 1411kN·m。后期扭矩波动较大，最大值达 2548kN·m，西侧爬坡段扭矩变化见图 4.4-9。

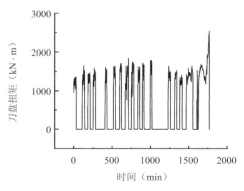

图 4.4-9　西侧爬坡段扭矩变化

4.4.3 地表沉降及地面亭变形规律

1. 地表沉降规律分析

取 DBC-13-5 与 DBC-14-5 作为地表测点,对盾构侧穿东侧人行通道排桩后地表沉降进行分析,取 DBC-21-6 与 DBC-20-6 作为盾构侧穿西侧人行通道的地表沉降监测点,监测点每天早晚分别测一次。地表监测点位置如图 4.4-10 所示。

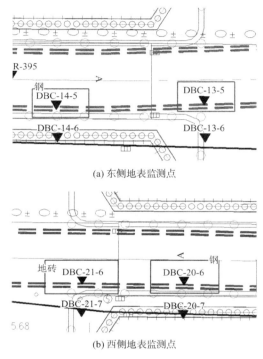

(a) 东侧地表监测点

(b) 西侧地表监测点

图 4.4-10 地表监测点

对于东侧人行通道地表沉降监测开始于 2021 年 12 月 24 日,每天早晚分别测量一次,最终于 2021 年 12 月 29 日两监测点处地表沉降均达到稳定。DBC-13-5 最终沉降为 1.05mm,DBC-14-5 最终沉降为 0.01mm,地表沉降控制效果良好,地表监测点沉降如图 4.4-11 所示。

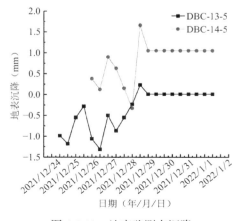

图 4.4-11 地表监测点沉降

2. 地面亭变形规律分析

盾构侧穿排桩附近各有一个地面亭，具体位置如图 4.4-12 所示。地面亭均以四个角布置竖向位移监测点，东侧地面亭监测点为 JGC-4-1～JGC-4-4，西侧地面亭监测点为 JGC-5-1～JGC-5-4。监测点测量频率均为 1d 两测。

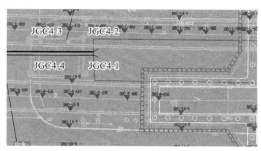

(a) 西侧地面亭监测点

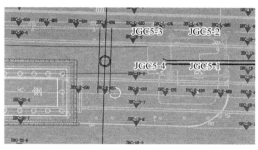

(b) 东侧地面亭监测点

图 4.4-12 地面亭监测点

东侧地面亭 2021 年 12 月 26 日各监测点竖向位移均为 0，4 个监测点受到盾构施工影响后，前期竖向位移均以下沉为主，后期随着施工略有所隆起，最终只有 1 号监测点以隆起变形为主。监测点均于 2022 年 1 月 2 日下午变形达到稳定，1 号监测点最终隆起 1.1mm，2～4 号监测点分别沉降 0.09mm、0.52mm、0.25mm。东侧地面亭竖向位移如图 4.4-13 所示。

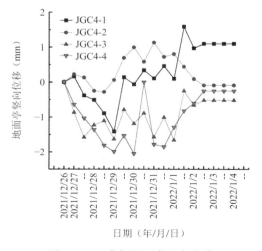

图 4.4-13 东侧地面亭竖向位移

西侧地面亭 2022 年 1 月 3 日开始监测各点竖向位移，4 个监测点受到盾构施工影响后，因为距离隧道最近，4 号监测点竖向位移最大，最终达到稳定后沉降值为 2.46mm。在 2022 年 1 月 8 日下午变形稳定后，仅有 2 号监测点微微隆起变形，变形量 0.07mm。1、3、4 号监测点均发生沉降，沉降量分别为 0.96mm、0.4mm、2.46mm，西侧地面亭竖向位移见图 4.4-14。

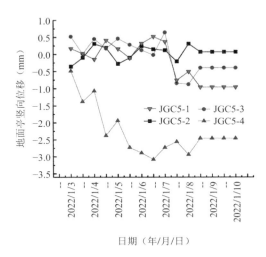

图 4.4-14　西侧地面亭竖向位移

4.4.4　管片变形规律分析

1. 管片沉降变化规律

软流塑地层盾构掘进时，管片上浮作用使管片偏离设计轴线。为保证成型隧道的轴线精度，提高盾构管片隧道的成型效果，多采用同步注浆及二次补浆、施加止水环、盾体姿态控制等方式控制管片姿态，管片沉降规律如图 4.4-15 所示。

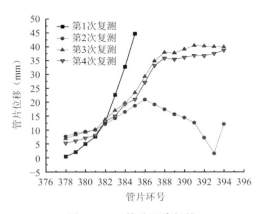

图 4.4-15　管片沉降规律

表 4.4-2 为盾构近距离穿越右侧人行通道工程桩时，管片的沉降控制结果。第一次复测为管片脱出盾尾后的次日监测数据，随后每隔 1d 进行一次复测。所涉及的管片垂直姿态偏差均未超过 50mm，管片沉降控制良好。

第4章 盾构切削大直径钢筋混凝土群桩技术研究

管片沉降规律 表 4.4-2

	第一次复测（mm）	第二次复测（mm）	第三次复测（mm）	第四次复测（mm）
378 环	0.5	7.75	6.9	5.35
379 环	2.1	8.8	8.3	6.1
380 环	5	9.45	9.25	7.15
381 环	7.7	10.1	10.2	8.2
382 环	13	12.2	13.8	13.2
383 环	22.7	14.3	17.1	15.1
384 环	32.8	16.5	19.7	19.4
385 环	44.8	18.7	23.5	21.1
386 环	—	21	29.3	27.2
387 环	—	19.2	34.9	33.3
388 环	—	17.4	38	35.9
389 环	—	15.7	37.8	35.5
390 环	—	14.5	39.15	36.2
391 环	—	12.7	40.5	36.9
392 环	—	7.3	40.3	36.8
393 环	—	−1.6	40.1	37.6
394 环	—	−12.2	40	38.8

2. 管片收敛变化规律

盾构侧穿东、西侧人行通道排桩后，对侧穿排桩段管片的竖向及横向收敛情况进行监测。每 10 环管片监测一组收敛数据，取所侧穿排桩段内监测点。东侧侧穿排桩段处于 378～394 环，取 380 环与 390 环处监测点；西侧侧穿排桩段处于 497～513 环，取 500 环与 510 环处监测点。监测频率为 2d 一测。监测项目控制值如下：拱顶、拱底及横向收敛变化速率控制值为 ±2mm/d，拱顶竖向收敛累积控制值 ±10mm，拱底竖向收敛累积控制值 ±20mm，横向收敛累积控制值 ±10mm。

东、西两侧近距离侧穿排桩段拱底收敛变化如图 4.4-16 所示。竖向收敛向上为正，向下为负。东侧 380 环与 390 环处管片于 1 月 9 日开始监测，1 月 29 日完成收敛，历时 20d。380 环与 390 环竖向分别收敛于 −1.27mm 与 −0.62mm，最大收敛变化速率分别为 −0.47mm/d 与 −0.32mm/d，均未达到预警值。西侧 500 环与 510 环处管片分别收敛于 1.47mm 与 0.08mm，最大变化速率分别为 −0.55mm/d 与 −0.125mm/d，均未达到竖向收敛预警值。

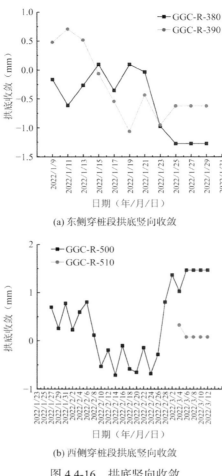

(a) 东侧穿桩段拱底竖向收敛

(b) 西侧穿桩段拱底竖向收敛

图 4.4-16 拱底竖向收敛

图 4.4-17 为东、西近距离侧穿排桩段拱顶收敛变化情况。东侧 380 环拱顶出现向上收敛，最终收敛至 0.8mm，390 环出现向下收敛，最终收敛至−2.1mm，未达到预警值。西侧 500 环与 510 环拱顶均为向下收敛，分别收敛至−1.6mm 与−2.4mm，最大变化速率均为−0.35mm/d。

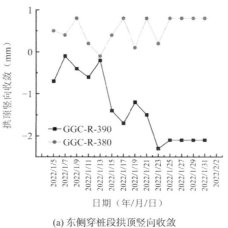

(a) 东侧穿桩段拱顶竖向收敛

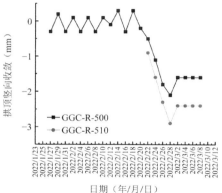

(b) 西侧穿桩段拱顶竖向收敛

图 4.4-17　拱顶竖向收敛

图 4.4-18 为东、西近距离侧穿排桩段管片横向收敛变化情况。横向收敛以向外扩为正，以向内收敛为负。东侧 390 环管片前期横向收敛以外扩为主，收敛完成后 380 环与 390 环均为向内收敛，分别为 −0.8mm 与 −0.3mm。西侧 500 环与 510 环管片横向收敛历时较长，收敛完成后约为 −1mm。

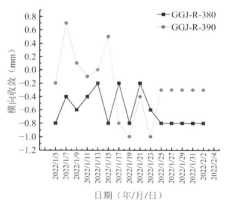

(a) 东侧穿桩段横向收敛

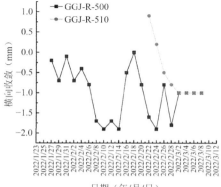

(b) 西侧穿桩段横向收敛

图 4.4-18　横向收敛

3. 管片错台、破碎、渗漏水统计

盾构完成侧穿排桩段后对管片错台、破碎、渗漏水进行统计，统计时间为2022年5～7月。东侧近距离侧穿排桩段对管片排查后，未发现异常，管片无错台、破碎、渗漏水现象。西侧近距离侧穿排桩段发现位于505环与511环管片出现渗漏水现象，管片均未出现错台、破碎现象。出现渗漏水管片均于3d内完成修堵，渗漏水及修堵后管片如图4.4-19所示。

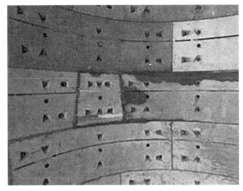
(a) 505环管片渗水

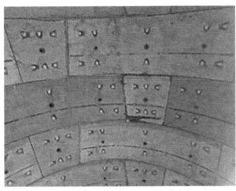
(b) 505环管片修堵完成

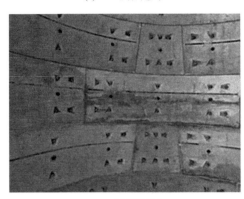
(c) 511环管片渗水

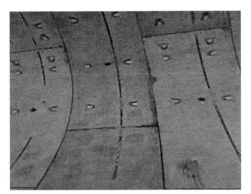
(d) 511环管片修堵完成

图4.4-19　管片渗水及修堵情况

4.5　本章小结

本章以盾构近距离侧穿东、西侧人行通道工程排桩为背景，对实际工程特性分析后，针对穿桩重难点提出盾构参数控制技术。总结了东、西侧爬坡段侧穿排桩盾构推力扭矩变化规律，在现有盾构参数控制下，以地面沉降及地面亭变形规律与管片变形规律对盾构近距离侧穿排桩作了效果分析。主要结论如下：

（1）盾构近距离侧穿排桩是复杂的"隧道-土-桩基"问题。地层扰动作用是通过支护力、盾壳与地层的摩擦力以及刀盘的扭转作用，三者共同作用引起了地层的变形，因此应对盾构掘进时的推力、刀盘扭矩做出严格控制。

（2）针对绍兴市软流塑地层严格控制盾构掘进参数，提出推荐掘进参数：盾构推力介于8000～10000kN；在距离桩基10m时，盾构推速控制在25～30mm/min；距离桩基2m

时，盾构推速控制在 10～15mm/min；贴近残留桩基础时，以 2～5mm/min 的盾构推速掘进；刀盘扭矩应小于 2500kN·m，刀盘转速控制在 0.8～1.0r/min。

（3）盾构近距离侧穿排桩后，地面沉降较小，地面亭随着与隧道距离增加沉降值减小，规律性明显，出现了不均匀沉降。

（4）通过同步注浆及二次补浆、施加止水环、盾体姿态控制等方式，管片垂直偏差低于 50mm，拱底竖向收敛低于±2mm，拱顶竖向收敛低于±3mm，横向收敛低于±2mm，均未超过预警值。

第 5 章
盾构切削钢筋混凝土群桩刀具磨损及预测技术研究

5.1 各类刀具破损情况

盾构切削桩基对刀具的损伤可分为两类，以左线刀盘 7 号刀梁为例，两类损伤如图 5.1-1 所示。一类是指刀具表面堆焊层的磨耗，这是刀具与桩基正常摩擦造成的，会对切削效果有一定影响；另一类是指刀具在尖角处发生合金崩裂，造成刀高损伤，主要是刀具切削钢筋造成，这类损伤对刀具破坏较大，对磨桩会造成不利影响。

图 5.1-1　刀具损伤示意图

作为主要的磨桩刀具，撕裂刀的损伤最为严重，既有刀具表面堆焊层的磨耗，也有刀尖处合金的崩落，如图 5.1-1 所示。刀高损伤最大值也出现在撕裂刀中，但所有刀具都未出现从刀盘上断裂的现象。轨迹半径较大的撕裂刀受损严重，以合金崩落为主。对于撕裂刀合金的崩落，大多发生在刀具左右尖端处，部分撕裂刀横断面合金均受到破坏，随着轨迹半径增大，刀高损伤增大，受损刀具正面呈梯形截面。受损较为严重的撕裂刀如图 5.1-2 所示。

图 5.1-2　撕裂刀合金崩落示意图

处于刀盘中心的撕裂刀磨损较小，鲜有合金崩落的现象出现，以堆焊层的磨耗为主要损伤。部分刀具刀尖处出现破损，但合金并未脱落，刀具完整性较高。这些撕裂刀的损伤情况如图 5.1-3 所示。

图 5.1-3　撕裂刀合金磨耗示意图

如图 5.1-4 所示为滚刀始发与贯通后的对比，处于刀盘边缘的滚刀未出现明显的损伤，通过 17 寸镶齿滚刀检测尺检测，未发现滚刀出现磨损及偏磨。因此，滚刀由于自身较大的刚度，磨桩后 12 把滚刀均未出现损伤。

(a) 始发前滚刀

(b) 贯通后滚刀

图 5.1-4　滚刀损伤对比

盾构机贯通后，右线刀盘上切刀均未发生明显损伤。仅有左线刀盘 11 号刀梁上一把切刀出现损伤。图 5.1-5 为始发前与贯通后的切刀对比，该切刀最右侧刀尖处发生一处合金崩落，刀具未出现其他损伤。

(a) 始发前切刀

第 5 章 盾构切削钢筋混凝土群桩刀具磨损及预测技术研究

(b) 贯通后切刀

图 5.1-5 切刀损伤对比

贝壳刀损伤以堆焊层的磨耗为主，部分贝壳刀也会出现合金崩落，发生崩落的位置主要处于刀尖两端。如图 5.1-6 所示，部分贝壳刀合金崩落后，崩落附近刀具本身由于强度不足，在磨桩过程中产生了较大的形变。

(a) 贝壳刀堆焊层磨耗

(b) 贝壳刀合金脱落

图 5.1-6 贝壳刀损伤

5.2 刀具磨损情况统计

5.2.1 撕裂刀

图 5.2-1 为撕裂刀的受力区域，沿盾构掘进方向顺时针转向为正，符合右手定则。将刀具表面沿切向和法向分解为正切面、逆切面和外法面、内法面，分析刀具堆焊层磨耗；刀尖合金沿正切面、逆切面和中心面分解，分析刀具崩裂破损规律。

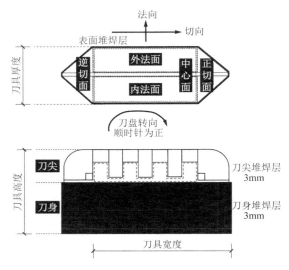

图 5.2-1 撕裂刀分区示意图

图 5.2-2 为三类撕裂刀随轨迹线扩展后的刀具破损情况，设破损率为合金崩裂数与单把刀具合金总数之比。撕裂刀中，57%存在破损。其中，中心面破损51%，正切面破损22%，逆切面破损27%，破损以中心面和逆切面为主。

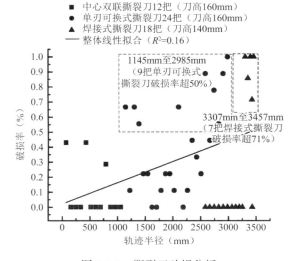

图 5.2-2 撕裂刀破损分析

随着轨迹半径的增大，破损率显著增长。中心双联撕裂刀由于轨迹半径较短，75%的刀具完好，其余25%的刀具中破损率低于50%。单刃可换式撕裂刀整体存在破损，破损率随轨迹半径的增大而升高。约38%的刀具中，破损率超过50%。对于焊接式撕裂刀，相同轨迹线下，受单刃可换式撕裂刀的刀高保护，刀具无合金损伤，轨迹半径达到3307～3457mm后，约39%的焊接式撕裂刀破损率超过71%，如图5.2-3所示。

图 5.2-3　撕裂刀破损

如图5.2-4所示，刀尖破损受轨迹半径影响显著。随着轨迹半径增大，刀尖破损宽度、厚度及高度均呈增长趋势。轨迹半径达到2500mm后，刀尖破损量陡增。中心双联撕裂刀（刀宽215mm）的破损宽度整体低于60mm，不足刀宽的30%，较为完整；11%的焊接式撕裂刀，破损宽度超过刀宽的50%；约13%的单刃可换撕裂刀，破损宽度超过刀宽50%。对于破损厚度，25%的破损刀具，破损厚度超过刀厚的 50%，且轨迹半径多大于 2500mm。对于破损高度，仅 6%的破损刀具，破损高度超过合金高度的 50%，高度方向破损量整体围绕 5mm 波动。

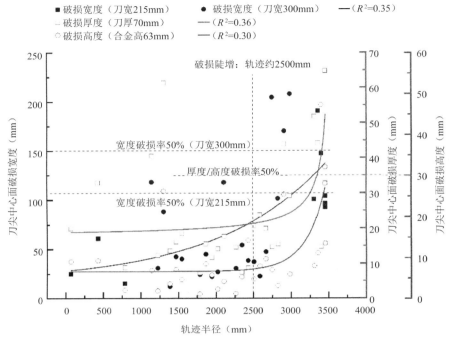

图 5.2-4　中心区破损规律

刀具磨耗方面，刀具进场时刀尖合金部位及刀身的堆焊厚度为 3mm。图 5.2-5 为实际刀具堆焊处的磨耗结果统计。由于轨迹线在 2025mm 以内时刀盘缠绕钢筋较多，刀具崩裂较少，而轨迹线为 2500mm 附近时开始出现刀具显著破损，因此，考虑刀具缠筋和刀具破损伴随的刀具磨耗，将轨迹半径 2500mm 设为分界点分析堆焊层磨耗程度。

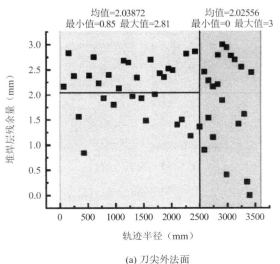

(a) 刀尖外法面

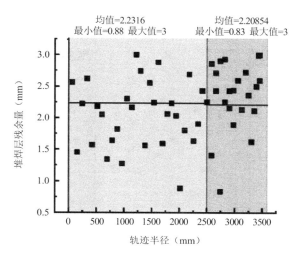

(b) 刀尖内法面

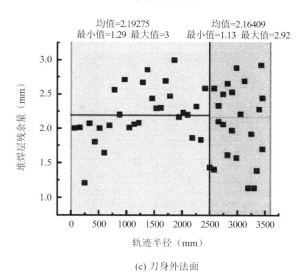

(c) 刀身外法面

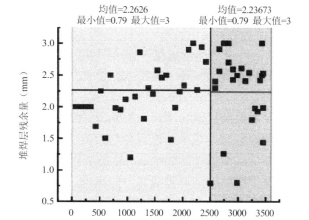

(d) 刀身内法面

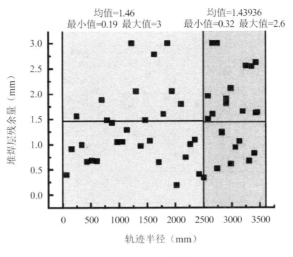

(e) 刀身逆切面

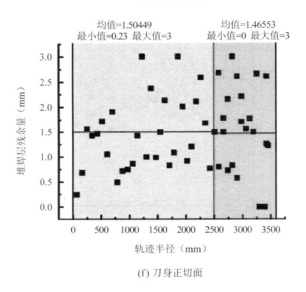

(f) 刀身正切面

图 5.2-5　刀具堆焊磨耗统计

统计结果显示，刀尖外法面堆焊层残余量均值 2.04mm，低于刀尖内法面，外法面磨耗程度更高。轨迹半径小于 2500mm 后，残余量增大，磨耗量减小，刀尖磨耗规律与刀尖破损规律一致。

刀身外法面及内法面堆焊层磨耗量在 2.16～2.26mm 范围波动。轨迹半径低于 2500mm 后，刀具外法面及内法面堆焊磨耗均减小，该现象与刀尖法向磨耗规律及数值一致。刀身正逆切面磨耗量整体高于刀身法向磨耗约 34%，当轨迹半径减小时，切向磨耗量同步减小。考虑到正逆切面的磨耗状态受磨桩期间刀盘旋转方向影响，8 个磨桩断面共 14 环中，约 53%的磨桩过程为刀盘逆时针转动，47%为刀盘顺时针转动。因此，逆切面作为刀具磨桩的主要接触面，堆焊层残余量小于正切面，磨耗程度大。

此外，由于刀身表面受较多钢筋缠绕，刀具轨迹半径小于 2025mm 后，随着轨迹半径

第 5 章　盾构切削钢筋混凝土群桩刀具磨损及预测技术研究

的减小，堆焊层残余量逐渐减小，磨耗量增大，如图 5.2-5 所示。

5.2.2　切刀

左右线刀盘仅有左线 11 号刀梁上的一把切刀发生合金崩落，刀具整体完整。崩落合金处于刀具右尖端，面积为 28mm × 42mm，失去合金保护的刀具发生了一定形变。其余合金表面出现一些划痕，未有较大磨耗，切刀损伤情况见图 5.1-5 和图 5.2-6。

图 5.2-6　切刀损伤情况

5.3　撕裂刀磨损系数计算

5.3.1　计算模型

本节以右线为例，计算撕裂刀磨损系数。

设单轨迹线上单把刀具的磨损系数为 k，磨桩长度为 L，则单把刀具磨损量 δ 为：

$$\delta = k \cdot L \tag{5-1}$$

基于王飞[32]的研究成果，中部桩和侧部桩（图 5.3-1）的计算模型如下：

$$D_\mathrm{P} = 2\sqrt{R^2 - [j \cdot (v/n)]^2} \tag{5-2}$$

式中：D_P——刀盘切削桩基形成的竖截面宽度；

　　　R——桩基半径；

　　　v——推速；

　　　n——转速；

　　　j——刀盘累计切削转次。

如图 5.3-1（a）、（b）所示，计算模型将切削半径分为切透桩基和未切透桩基两种类型，切透桩基的切削半径对应的磨桩轨迹长度如式(5-3)[32]所示。

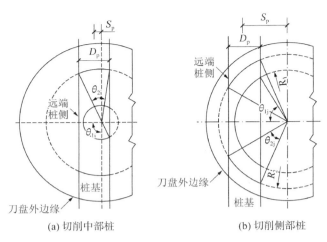

(a) 切削中部桩　　　　(b) 切削侧部桩

图 5.3-1　磨桩长度计算模型[32]

$$L_1 = 2\sum_{j=1}^{R/(v/n)} r_i \left(\frac{\pi}{2} - \arcsin\frac{S_p - \sqrt{R^2 - j(v/n)^2}}{r_i} - \arccos\frac{S_p + \sqrt{R^2 - [R - j(v/n)]^2}}{r_i} \right) \quad (5\text{-}3)$$

未切透桩基的切削半径对应的磨桩轨迹长度计算如式(5-4)[32]所示。

$$L_2 = 2\sum_{j=1}^{R/(v/n)} r_i \left(\frac{\pi}{2} - \arcsin\frac{S_p - \sqrt{R^2 - [R - j(v/n)]^2}}{r_i} \right) \quad (5\text{-}4)$$

式中：r_i——刀具切削半径；

S_p——桩基中心偏离刀盘中心的距离。

5.3.2　磨桩长度 L 计算

设桩心距 L_{PS} 为桩基中心与隧道中心的距离，左右线各 8 个磨桩断面中，将工程桩分为三类：中部桩 P_0、近端侧部桩 P_1 和远端侧部桩 P_2。P_1、P_2 特指左线第 1、2、7、8 断面和右线第 4、5 断面需同时切削的两根桩基。近端侧部桩桩心距 L_{PS1} 平均值为 1632mm，远端侧部桩桩心距 L_{PS2} 平均值为 2717mm。

基于国内磨桩案例[31]，最大磨损并未发生在刀盘外周部，而是与桩基位置相关，故磨桩轨迹半径选择 $R_a = 3307$mm，$R_b = 3457$mm，分别对应右线最长磨桩距离和最大刀具轨迹半径。图 5.3-2 为对应位置的焊接式撕裂刀损伤情况。

经式(5-2)~式(5-4)计算，轨迹半径 R_a（3307mm）切削通过 8 个桩基断面后，总磨桩长度为 5472118mm，轨迹半径 R_b（3457mm）切削通过 8 个桩基断面后，总磨桩长度为 5052880mm。实测刀高损伤分别为 42.83mm 和 63mm，磨损系数由(5-1)可知，$k_a = 7.82$mm/km，$k_b = 12.47$mm/km。

(a) 刀具轨迹 3307mm

(b) 刀具轨迹 3457mm

图 5.3-2 焊接式撕裂刀损伤情况

由于右线涉及盾构近距离侧穿排桩，存在 3457mm 轨迹半径撕裂刀损伤风险，因此，以 k_b 作为磨损系数代表值，分析刀具磨桩磨损预测。

5.4 基于统计的刀具磨桩磨损预测

由于刀尖正逆切面是接触钢筋混凝土桩基的首要位置，因此正逆切面合金的破损是阻碍桩体切割的首要因素。刀盘上，26%的刀具存在正逆切面破损。

此外，刀具存在刀尖中心区破损但正逆切面未破损现象。经统计，刀尖中心区破损高度达到20mm后，正逆切面破损率为100%，破损量25～63mm。综上所述，考虑一定安全储备，将刀尖中心区破损高度10mm设定为刀具失效深度。

如图 5.2-4 所示，基于当前刀具状态，八个断面切削完成后，$R = 0 \sim 2985$mm 的撕裂刀中心区平均破损高度为 5.25mm，残余损伤量 4.75mm，剩余 10 把焊接式撕裂刀未破损，对应轨迹 3064～3457mm，各轨迹线刀具分布较完整。

八个断面中，设贯入度为 5mm/r，刀具轨迹 $R = 3307$mm，中部桩 P_0 切削完成约需 314.870m，侧部桩 P_1 和 P_2 切削完成约需 965.468m，悬臂排桩切削完成约需 1140.697m。根据残余损伤量，刀具残余磨桩长度为 607.417m，仅能额外切削穿越 1 根中部工程桩。

5.5 本章小结

本章将各类刀具损伤进行统计分析,将刀具损伤主要分为"磨"与"损"两类。"磨"指的是刀具堆焊层磨耗,"损"指的是刀具合金的崩坏脱落。损伤统计完成后,计算了刀具磨损系数。并基于以上统计与计算,对刀具切磨桩基进行了预测。主要结论如下:

(1)磨桩完成后,撕裂刀两种损伤均出现,且损伤情况最为严重,仅有一把切刀出现合金脱落,滚刀等其余刀具未见明显损伤。

(2)随着轨迹半径的增大,刀具破损率、破损尺寸显著提高,2500mm 为刀具破损陡增的临界轨迹。

(3)轨迹半径、刀盘磨桩转向、钢筋缠绕均影响刀具磨耗。刀盘磨桩转向的影响最为显著。$R \geqslant 2500$mm 后,磨耗量增大。

(4)刀具最大磨损系数为 12.47mm/km,根据现有桩基切削长度,按最不利情况预测,刀具仅能切削 1 根中部工程桩。

第 6 章

结　论

6.1 受限空间软流塑地层 MJS 加固技术

采用全方位高压喷射工法（MJS）对软流塑地层受限空间加固，以 MJS 工法施工原理与工艺为基础，为适应软流塑地层盾构切削群桩工况，对 MJS 设备进行低净空与倾斜角度改造。以地内压力值为核心，建立了各注浆参数随地内压力变化的回归方程，并基于试桩试验强度分析结果，提出施工参数拟定表。主要结论如下：

（1）MJS 工法适用于软流塑地层地基加固处理，在后配套布置和回浆分离技术的配合下，形成了高效、环保的施工方法。

（2）低净空设备改造时，进行桅杆尺寸、钻杆尺寸和拖链装置的调节，既能满足设备正常使用，同时解除了净空限制。

（3）经多元回归分析处理，地表位移变化主要影响深度为 21.25m、19.75m、16.75m 和 13.75m，该区域的地内压力应重点控制。

（4）以地内压力值为核心，建立了各注浆参数随地内压力变化的回归方程，并基于试桩试验强度分析结果，提出施工参数拟定表。

（5）经取芯检验，加固区整体强度高于 1.2MPa，强度满足设计要求。

6.2 盾构磨桩刀盘选型及刀具布置技术

根据切削大直径钢筋混凝土桩基工程特性，刀盘选型及刀具配置直接关系到磨桩效果。因此，需从刀盘选型、刀具选择及具体布置方面进行分析研究。对于刀盘选型，在考虑实际地质情况的前提下，仍须对刀盘进行适用性改造，以满足磨桩要求。刀具选择中，磨桩的刀具主要采用滚刀和切刀。滚刀负责将外侧混凝土破碎，后由切刀对钢筋进行多次切削。在完成磨桩的同时，确保对上部结构造成最小扰动及对刀具造成最小磨损。通过调整刀高差与刀间距，防止滚刀破碎混凝土时桩侧混凝土保护层剥离脱落，并使切刀将钢筋切削成为合适长度，便于螺旋输送机排出。具体结论如下：

（1）刀盘选择复合式刀盘，开口率为 35%，变频电驱，开挖直径 6980mm，额定扭矩 8540kN·m，转速 0~3r/min，同时对刀盘进行适用性改造。

（2）刀盘上配置有滚刀、切刀、边缘刮刀、贝壳刀等刀具。以滚刀和撕裂刀作为磨桩刀具，充分利用滚刀的滚压破混凝土机理控制开挖直径，利用撕裂刀的冲剪破混凝土、切筋机理实现钢筋混凝土桩体的有效切削，综合提高盾构磨桩能力。

（3）基于"三区刀"和"三层刀"布设原则，撕裂刀对桩体混凝土和钢筋的切削效果较好，可形成易于排出螺旋机的短截钢筋。

（4）采用"中心区排渣、主磨区磨桩、主损区保径"的"三区刀"布置方法，可以控制刀具的磨与损，平衡刀具的布置成本与磨桩效率。

（5）采用"一主、一辅、一刮"的"三层刀"布置方法，主刀高160mm，辅刀高140mm，刮刀115mm，能提高盾构磨桩能力和安全储备。

6.3 盾构切削大直径钢筋混凝土群桩关键技术

针对盾构磨桩工程特性，对同步注浆、二次注浆、渣土改良、盾构开仓等辅助措施及磨桩过程记录、参数控制、地表及建（构）筑物变形、管片变形等方面开展研究，获得结论如下：

（1）根据现场情况及性能指标确定浆液配比后，严格控制注浆参数，注浆压力 0.2～0.3MPa，注浆量 3.5～4.4m³，注浆速度保持与掘进速度相匹配。同时，应根据监测数据进行施工参数优化，达到最佳注浆效果。

（2）二次注浆采用双液浆，1m³ 的水灰比为 1.5（质量比）。施工参数确定为注浆压力 0.35MPa，注浆流量 10～15L/min 时注浆效果最佳。

（3）渣土改良以注入泡沫为主，对软流塑地层磨桩具有良好效果。

（4）盾构开仓位置选择 MJS 加固区域，常压开仓检查中，除刀梁孔洞位置缠绕少量钢筋，土仓内未见钢筋缠绕，验证 MJS 加固效果及刀具的切削效果。

（5）软流塑地层磨桩参数以"小扭矩，慢推速，低转速，调姿态，控超挖"为控制原则。

（6）钢筋破坏分为剪拉破坏、弯拉破坏、纯剪破坏，受掘进参数影响，左线以弯拉破坏为主，占比 46%；右线以剪拉、纯剪破坏为主，共占比 56%，掘进参数差异将产生不同形式的钢筋断裂。

（7）随着轨迹半径增大，刀具磨损增大；左线刀具磨耗高于右线 11%，刀高损伤最高可达 60.16mm。经左右线钢筋断裂形式对比，弯拉破坏钢筋对刀具磨损更为明显。

（8）开挖面地层深度影响掌子面土压力和土仓压力，进一步影响掘进推力。开挖面桩基数量对推力影响较小，但开挖面桩基数量越多，待切削钢筋和混凝土数量越多，将导致扭矩增大。此外，钢筋缠绕刀盘易造成扭矩过大。

（9）桩基切削后期，刀具损伤显著，影响桩基切削效果并导致扭矩增大。

（10）通过钢筋断裂形式及刀具损伤效果分析，软流塑地层盾构切削钢筋混凝土大直径排桩时，掘进参数控制值以推进速度 2～5mm/min，刀盘转速 0.85r/min，推力 8500～9500kN，刀盘扭矩 1000～1500kN·m 为宜。

6.4 盾构切削钢筋混凝土群桩刀具磨损及预测技术

本章将各类刀具损伤进行统计分析，将刀具损伤主要分为"磨"与"损"两类。"磨"指的是刀具堆焊层磨耗，"损"指的是刀具合金的崩坏脱落。损伤统计完成后，计算了刀具磨损系数。并基于以上统计与计算，对刀具切磨桩基进行了预测。主要结论如下：

（1）磨桩完成后，撕裂刀两种损伤均出现，且损伤情况最为严重，仅有一把切刀出现合金脱落，滚刀等其余刀具未见明显损伤。

（2）随着轨迹半径的增大，刀具破损率、破损尺寸显著提高，2500mm 为刀具破损陡增的临界轨迹。

（3）轨迹半径、刀盘磨桩转向、钢筋缠绕均影响刀具磨耗。刀盘磨桩转向的影响最为显著。$R \geqslant 2500$mm 后，磨耗量增大。

（4）刀具最大磨损系数 12.47mm/km，按现有桩基切削长度，按最不利情况预测，刀具仅能切削 1 根中部工程桩。

参考文献

[1] 袁大军, 王飞. 盾构切削大直径钢筋混凝土群桩的理论与实践[M]. 北京: 科学出版社, 2017.

[2] 王哲, 吴淑伟, 姚王晶, 等. 盾构穿越既有桥梁桩基磨桩技术的研究[J]. 岩土工程学报, 2020, 42(01): 117-125.

[3] 许华国, 陈馈, 孙振川. 盾构刀盘切削钢筋混凝土桩基室内试验研究[J]. 隧道建设 (中英文), 2020, 40(01): 35-42.

[4] 吴志峰, 刘永胜, 张杰, 等. 盾构直接切除大直径桩基的试验与工程实践[J]. 隧道建设 (中英文), 2020, 40(S2): 280-288.

[5] 毛冬明, 杨锟, 郭宏浩, 等. 盾构磨桩在隧道施工中的应用[J]. 工程机械, 2019, 50(08): 79-82, 7.

[6] 梁伟江. 泥水盾构切除桥梁群桩施工技术研究[D]. 南昌: 南昌航空大学, 2018.

[7] 沈张勇. 软土地层中盾构机切削下立交桩基的设计和实践[J]. 隧道与轨道交通, 2019(04): 24-28, 58.

[8] 韩兵. 适合切削钢筋混凝土桩的软土盾构刀盘刀具改造[J]. 国防交通工程与技术, 2015, 13(S1): 1-3, 12.

[9] 杨成龙. 盾构穿越废旧码头不明桩基的处置措施与技术[J]. 建筑施工, 2022, 44(06): 1160-1163.

[10] 李发勇. 盾构掘进切削灌注桩桩基群施工关键技术——以宁波地铁3号线钱仇区间为例[J]. 隧道建设 (中英文), 2020, 40(04): 569-574.

[11] 苏明, 尹志清. 盾构下穿高架桥桩基托换和切削施工技术[J]. 城市轨道交通研究, 2020, 23(09): 175-179.

[12] 王传富. 已建市政地下通道结构下盾构连续穿越桩基施工技术[J]. 建筑施工, 2021, 43(10): 2013-2015, 2022.

[13] 龚晓南. 地基处理手册 (第二版) [M]. 北京: 中国建筑工业出版社, 2000.

[14] 蒋力, 李强. 全方位高压喷射工法在杭州地铁盾构下穿既有线工程中的应用[J]. 城市轨道交通研究, 2021, 24(08): 192-197.

[15] 覃晓, 吴湛坤, 卞正兴. MJS 工法在既有盾构隧道中的应用[J]. 中国高新科技, 2022(17): 73-75.

[16] 陈树杰, 易路行. MJS 工法在城市轨道交通车站施工中的应用[J/OL]. 铁道勘察: 1-7.

[17] 姚志雄, 夏华灿, 黄敏, 等. 福州滨海软土 MJS 工法桩加固施工及环境效应[J]. 地下空间与工程学报, 2023, 19(03): 1019-1026, 1037.

[18] 李遵豪, 彭元栋, 曹雄. 横琴杧洲隧道深厚海相软土地层预加固方案研究[J]. 广东土木与建筑, 2022, 29(06): 5-8, 12.

[19] 赵合全. 软弱富水地层大直径盾构始发端头联合加固方法及应用[J]. 都市快轨交通, 2022,

35(02): 130-135, 142.

[20] 刘文华, 李有缘. MJS 工法在隧道下穿人行涵洞加固施工中的应用[J]. 建筑机械化, 2022, 43(07): 38-40.

[21] 潘伟强, 李金定, 朱敏敏, 等. 管幕暗挖法土体开挖 MJS 加固效果研究——以上海市轨道交通 14 号线桂桥路站管幕段工程为例[J]. 工程技术研究, 2022, 7(07): 20-23.

[22] 洪开荣. 盾构与掘进关键技术[M]. 北京: 人民交通出版社, 2018.

[23] 曾力, 刘一帆, 李明宇, 等. 盾构穿切过程中单桩复合地基动态响应的研究[J]. 隧道建设（中英文）, 2022, 42(12): 2006-2014.

[24] 李宏波. 盾构直接切削 ϕ25 mm 主筋钢筋混凝土桩基可行性研究[J]. 隧道建设（中英文）, 2020, 40(12): 1808-1816.

[25] 冯阵图, 史鹏飞, 蒋曼, 等. 盾构磨桩下穿复合地基对砌体房屋基础沉降影响数值模拟研究[J]. 工程勘察, 2021, 49(09): 7-13.

[26] 刘军, 韩旭, 金鑫. 基于颗粒流原理的盾构切割 GFRP 筋混凝土围护桩机制[J]. 隧道建设（中英文）, 2019, 39(S1): 32-37.

[27] 尚伟, 王百泉. 盾构刀具磨损超声波检测技术研究[J]. 建筑机械化, 2018, 39(01): 56-59.

[28] 吴俊. 盾构刀具与岩土体力学相互作用及磨损研究[D]. 北京: 北京交通大学, 2020.

[29] 许黎明, 杨延栋, 周建军, 等. 厦门轨道交通 2 号线跨海段盾构滚刀磨损与更换预测[J]. 隧道建设, 2016, 36(11): 1379-1384.

[30] 陈馈, 王江卡, 谭顺辉, 等. 盾构设计与施工[M]. 北京: 人民交通出版社, 2019.

[31] 王飞. 盾构直接掘削大直径钢筋混凝土群桩研究[D]. 北京: 北京交通大学, 2014.

[32] 王飞, 袁大军, 董朝文, 等. 盾构直接切削大直径钢筋混凝土桩基试验研究[J]. 岩石力学与工程学报, 2013, 32(12): 2566-2574.

[33] 宋云. 盾构机刀盘选型及设计理论研究[D]. 成都: 西南交通大学, 2009.

[34] 乔金丽, 徐源浩, 陈小强, 等. 基于 ABAQUS 的单双滚刀破岩分析[J]. 铁道建筑, 2021, 61(06): 69-73.

[35] 中华人民共和国住房和城乡建设部. 城市轨道交通工程监测技术规范 GB 50911—2013 [S]. 北京: 中国建筑工业出版社, 2013.

[36] Jacobsz S W. Centrifuge modeling of tunneling near driven piles[J]. Soil and Foundations, 2004, 1(44): 49-56.

[37] 包芮. 双线盾构隧道施工对近接桩基的影响研究[D]. 成都: 西南交通大学, 2019.